W0195870

Blumen arrangieren

Gabriele Vocke

Blumen arrangieren

Zauberhafte Gestecke im Ikebana-Stil

FALKEN-VERLAG · NIEDERNHAUSEN/TAUNUS

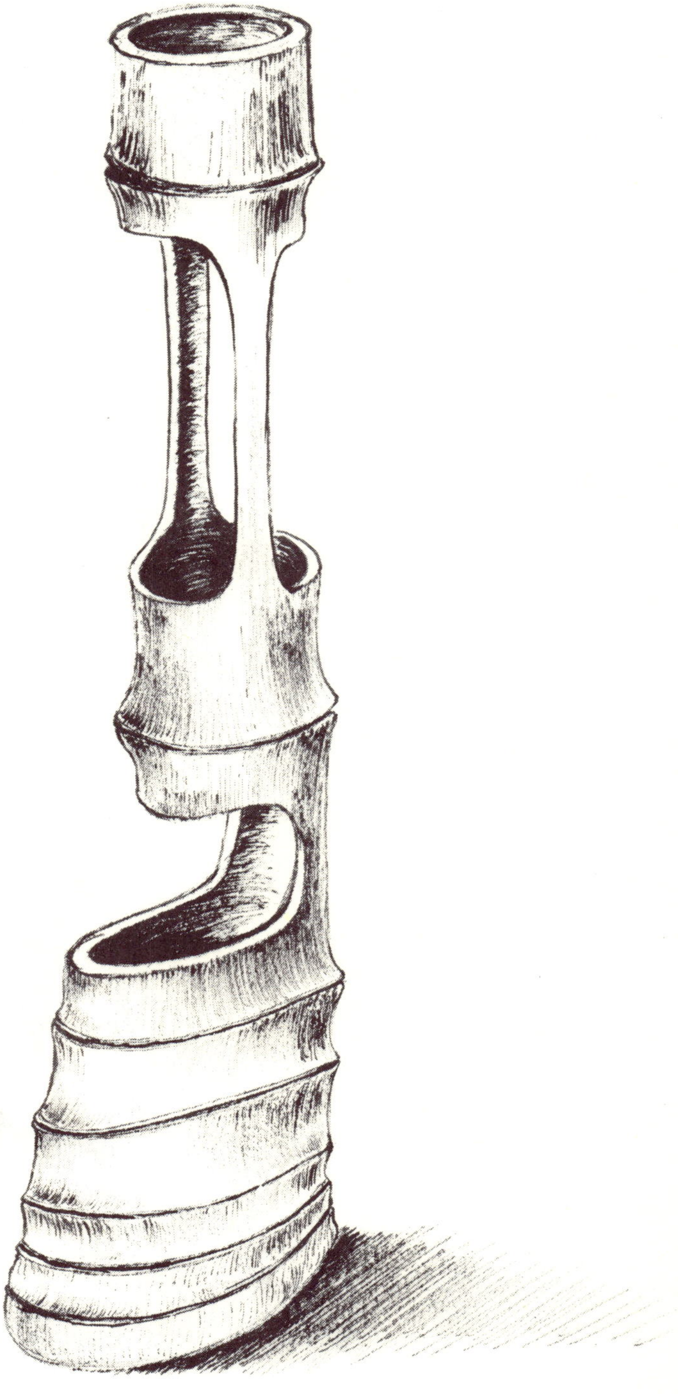

ISBN 3 8068 4049 0

6272 Niedernhausen/Ts.
Fotos: Horst Belz
Zeichnungen: Ute Kochwasser
Lithographie: Elnain KG, Wiesbaden
Satz und Druck: H. G. Gachet & Co., 6070 Langen

Inhalt

Vorwort

Ich freue mich, daß Ikebana, die traditionelle japanische Kunst, die Schönheit der Natur in das eigene Haus zu bringen und in Harmonie mit ihr zu leben, auch in Deutschland viele Freunde gewonnen hat.
Frau Gabriele Vocke, die sich seit vielen Jahren mit großem Erfolg bemüht, alle Kreise der Bevölkerung für Ikebana zu begeistern, ist es gelungen, das Wesen dieser Kunst feinfühlig zu interpretieren. Ich möchte ihr für diesen Verdienst herzlich danken, denn durch Ikebana leistet sie einen wertvollen Beitrag zum besseren Verständnis zwischen Japanern und Deutschen. Hier wird eine Brücke geschlagen durch die gemeinsame Freude an der Schönheit.

Tsuneaki Ueda
Botschafter von Japan
in der Bundesrepublik Deutschland

序

自然の美しさを住居の中に取り入れ、自然と共に生きようとする日本の伝統芸術「生け花」がドイツにおいても多くの人々に愛されるようになったことは私の喜びとするところであります。
多年にわたり「生け花」の普及に努力され、成果をおさめられているガブリエル・フォッケ夫人は、この芸術の本質を適確に紹介することに成功されました。
私は「生け花」を通じ日独両国民の相互理解の増進に貢献されている夫人の功績に対し心から感謝の意を表したいと思います。
美に対する共通の喜びによりここにかけ橋がかけられたのであります。

在ドイツ連邦共和国日本国大使
上田常光

Eine neue Bewegung im Ikebana

Mit der Entwicklung des Ikebana ist das Lebenswerk Sofu Teshigaharas, des Gründers der Sogetsu-Schule, eng verbunden. Er wurde im Jahre 1900 geboren. Bereits im Alter von sieben Jahren erlernte er die Ikebana-Kunst bei seinem Vater, einem berühmten Ikebana-Meister seiner Zeit. Sofu blieb bei seinem Vater und assistierte ihm beim Blumenarrangieren und Lehren bis zum Alter von 25 Jahren. In dieser Zeit entwikkelte er einen eigenständigen Weg, der einen freieren Ausdruck der Blumenkomposition verlangte.

Im Mai 1926 gründete er eine neue Schule, die »Sogetsu-Schule«, deren Name auf zwei chinesischen Schriftzeichen mit der Bedeutung GRAS und MOND, beruht. Die Zusammensetzung der beiden Wörter vermittelt eine umfassende Empfindung des Weltalls.

Sofus angeborene Natürlichkeit und Entschlossenheit prägten den Stil der Sogetsu-Schule, in der Ikebana von einem reizvollen Kunsthandwerk auf die Ebene einer schöpferischen Kunst erhoben wurde. Obwohl er ein Meister aller traditionellen Methoden des Blumenarrangierens war, griff er in seinen Überlegungen neuartige Techniken auf und erreichte, daß jede Blumenkomposition im Einklang mit dem verwendeten Material stand.

Diese neue philosophische Richtung fand in ganz Japan Resonanz. Die Sogetsu-Schule hat jetzt fast eine Million Studenten und Anhänger in der ganzen Welt.

Sofus begabteste Anhängerin ist seine Tochter Kasumi, seine legitime Nachfolgerin in der Sogetsu-Schule. Ihre anmutige Persönlichkeit und ihre natürliche Begabung spiegeln sich in ihren Ikebana-Kompositionen.

Sofus bildhauerische Werke zeigen ebenfalls Originalität. Sie wurden in der Galerie Stadler in Paris, der Martha Jackson Galerie und im Lincoln Center in New York ausgestellt, ferner in den Museen für moderne Kunst in Paris und Rom, im Museum der schönen Künste in Amsterdam und in anderen Kunstmuseen. Im Jahre 1960 erhielt er den »Lorbeer des Internationalen Zentrums für ästhetische Wissenschaft« in Turin, Italien. Im Jahre 1961 wurde er von der französischen Regierung mit dem »Orden der Künste und der Literatur« ausgezeichnet und bekam den »Orden der Ehrenlegion«. Im April 1962 wurde ihm der Preis des Erziehungsministeriums der japanischen Regierung für seinen Beitrag zum Kunstförderungsprogramm verliehen.

Über zehn Auslandsbesuche machte er als Kulturbotschafter unter der Schirmherrschaft des japanischen Ministers des Auswärtigen Amtes.

Die Sogetsu-Schule ist zur Zeit führend auf dem Gebiet des Ikebana im Bezug auf Ausbildung und Unterrichtung von Studenten und Lehrern, sowohl in Japan als auch im Ausland, und sie veröffentlichte zahlreiche Bücher und Zeitschriften in englischer und japanischer Sprache.

Grundlagen der Gestecke

Aufbau und Linien

Bei allen Grundvariationen werden vorwiegend drei Neigungswinkel verwendet: 15, 45 und 75 Grad.
Der Japaner nimmt die Senkrechte mit 0 Grad und die Waagerechte mit 90 Grad an. Durch die Neigungswinkel der Hauptlinien und die Anordnung in verschiedene Richtungen sowie durch die unterschiedlichen Größen für die drei Hauptlinien, die jeweils um $1/3$ kürzer als der vorhergehende Punkt sein müssen, ergibt sich ein plastisches Arrangement von dreidimensionaler Wirkung.
Je dichter die Einsteckpunkte auf dem Igel zusammenliegen, um so eleganter erscheint die Komposition.
Jedes Ikebana wird von oben nach unten aufgebaut und nicht umgekehrt. Man beginnt mit dem längsten Punkt, der die Hauptlinie Shin verkörpert; sie kann eine Blume oder ein Zweig sein.
Jede der drei Hauptlinien kann bis zu vier Beilinien oder verstärkende Linien erhalten. Das Material für die Hauptlinie Shin sollte nicht zu schwer sein, nach Möglichkeit ein knospiger Zweig, eine knospige Blume, in hellen Farben. Dicht belaubte und stark verzweigte Pflanzen sind auszuschließen.
Die zweite Linie, Soe, der Mensch, ist der akzentuierende Punkt und um $1/3$ kürzer als Shin. Sie wird deshalb durch einen etwas kräftigeren Zweig oder eine weiter aufgeblühte Blume dargestellt.
Auch die Basis, Hikae, sollte kräftig gearbeitet und vor allen Dingen ausreichend verstärkt sein, damit ein ausgewogenes Verhältnis zwischen der langen grazilen und der kurzen kompakten Linie entsteht.

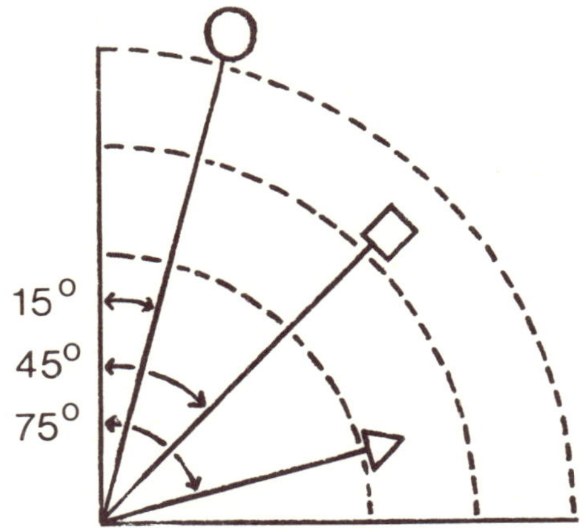

Die drei Symbole

Shin ist die wichtigste Linie. Symbolisch gesehen ist sie der Himmel, und wird grafisch durch einen Kreis dargestellt. Diese erste Hauptlinie ist gleichzeitig auch der längste Punkt in jedem Arrangement. Die zu wählende Länge ergibt sich aus dem Durchmesser und der Höhe der Schale bzw. den entsprechenden Maßen einer Vase. Je nach vorhandenem Material und Platz kann man in jeder Schale und Vase Anordnungen in drei verschiedenen Größen gestalten.

- Bei einem Großarrangement wird dem längsten Zweig zweimal der Durchmesser plus Höhe der Schale oder Vase zugrunde gelegt.
- Will man ein mittelgroßes Arrangement entstehen lassen, so ist das Maß hierfür $1\frac{1}{2}$ mal Durchmesser plus Höhe der Schale.
- Entscheidet man sich für ein kleines Arrangement, so mißt der Hauptzweig nur einmal Durchmesser plus Höhe der Schale.

Aus dem vorhandenen Material sucht man zunächst den grazilsten, nicht zu üppig gewachsenen, eventuell noch knospigen Zweig oder die hellsten Blütenfarben für die Linie Shin aus. In jedem Fall beginnt man das Gesteck mit dem Shin-Zweig oder der Shin-Blume. Auf diese Linie wird in keiner Ikebana-Komposition verzichtet.

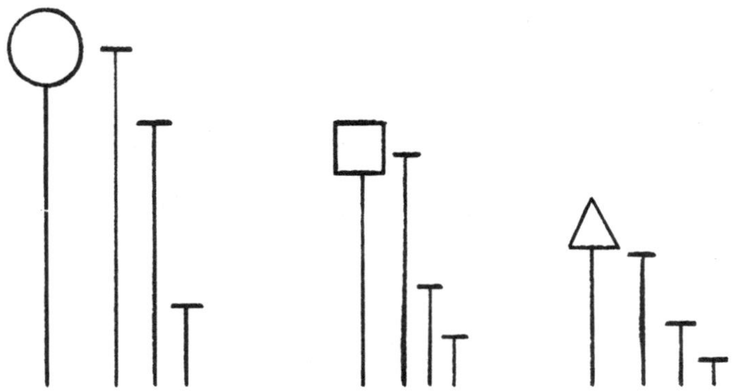

Die zweite Hauptlinie Soe, symbolisch gesehen der Mensch, wird grafisch durch ein Quadrat gebildet. Nachdem man den Shin-Zweig gewählt hat, wird die zweite Hauptlinie, Soe, ausgesucht. Die Länge dieses Zweiges ist immer abhängig von der Shin-Linie, denn Soe mißt $^3/_4$ von der Hauptlinie Shin. Es besteht also ein festgelegtes Längenverhältnis von der ersten zu der zweiten Hauptlinie. Die Linie Soe ist der akzentuierte, kräftige Punkt eines jeden Arrangements. Das bedeutet, daß man hierfür das Pflanzenmaterial üppig, kräftig und großblütig auswählen kann. Auf diese zweite Hauptlinie, die Linie des Menschen, kann man bei bestimmten Variationen oder Stilen verzichten, z. B. bei der Variation Nr. 4, dem Arrangement der Bescheidenheit, oder bei dem Chabana, den ›Blumen für den Tee‹.

Die dritte Hauptlinie heißt Hikae. Symbolisch gesehen ist sie die Erde und wird grafisch durch ein Dreieck dargestellt. In der Regel ist diese Linie $^3/_4$ so lang wie die zweite Hauptlinie Soe. Nur bei dem größtmöglichen Maß (zweimal Durchmesser plus Höhe des Gefäßes) wird Hikae nur halb so lang wie Soe (oder $^1/_3$ von Shin) gewählt. Meistens wird diese Linie aus Blumen gebildet, aber auch schön geschwungene Zweige oder leicht formbares Material sind hierfür geeignet. Es gibt kein Ikebana, in dem man auf diesen Punkt verzichtet. Hikae bildet stets die Basis und ist daher kräftig zu gestalten. Voll erblühte Blumen sowie dunklere Blütenfarben gehören unbedingt in den unteren Bereich eines Arrangements, denn die Erde soll gleichzeitig den Wachstumspunkt bilden, aus dem sich das Ganze allmählich entfaltet. Hier ist der Vergleich mit einem Baum angebracht, der unten kräftig, oben leicht und grazil sein soll.

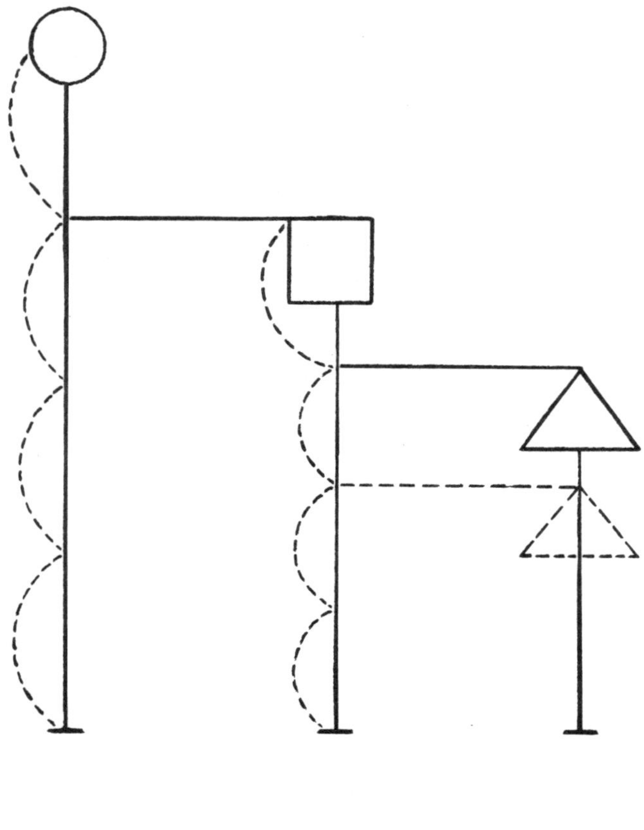

Südseetraum

Material: Calla *(Zantedeschia)* Dieffenbachia-Blätter, arrangiert in einer Turbinaria-crater-Koralle

Für die meisten Menschen beschränkt sich die Gruppe der Korallen auf die Edelkorallen im Schmuckgeschäft. Das auf einen keltischen Ursprung zurückgehende Wort Koralle wurde bereits von den Griechen und Römern nur für die zu Schmuckzwecken aus dem Mittelmeer geborgene rote Edelkoralle *(Corallium rubrum)* gebraucht. Daneben haben die Naturforscher des 18. und 19. Jahrhunderts diesen Begriff für alle korallig aussehenden Strukturen benutzt. Sie bezeichneten die am Meeresboden festhaftenden Kalkskelettstrukturen mit Koralle oder Steinpflanzen. Korallen sind formenreiche ausschließlich meeresbewohnende Polypengestalten.

Die vorliegende *Turbinaria crater* wurde im Indischen Ozean gefunden. Im Volksmund wird sie auch mit Kelch- oder Trichterkoralle bezeichnet. Es gibt sie von 5 cm bis zu einem Durchmesser von 1 m.

Natürliche Gefäßformen sind für Ikebana-Kreationen von besonderem Reiz. Die mehrfach eingebuchtete und gefaltete kraterartige Form der Koralle kommt in liegender Verarbeitung am besten zum Ausdruck. Es ist zweckmäßig, die porösen kalkartigen Korallen mit einem Kunstharzlack von innen auszupinseln, damit sie wasserundurchlässig werden. Oder aber man stellt ein kleines unauffälliges Gefäß in die Korallenform, das man gegebenenfalls mit Muscheln und anderen Korallenstücken für das Auge unkenntlich machen kann. In dieser Schale steht dann der Igel und darauf wurden fünf Calla und drei Dieffenbachia-Blätter angeordnet.

Die Calla gab es bei uns vorwiegend nur in weiß zu kaufen, so daß man dazu übergegangen ist, diese schönen ausdrucksvollen Blüten mit speziell dafür entwickelten Blumenfarben durch Einstellen der Stiele in Farblösung über den Stiel zu färben. Der schwammige Stiel leitet die Farbe dann weiter zur Blüte, die sich vom äußeren Rand her allmählich bis zur Mitte färbt. Je nach Farbbadlänge wird die Blüte mehr oder weniger kräftig im Farbton. Die Blumen sollten mindestens 24 Stunden in dieser Farblösung stehen. Bei den Callablüten versucht man immer, mit den kelchartigen Blüten und ihren Öffnungen zu spielen, d. h. einmal kommt der Kelch direkt mit seiner Spitze dem Beschauer entgegen, zum anderen wird er seitlich im Profil gezeigt und dann wieder mit der breiten übergeschlagenen Seite. Im unteren Bereich, solange die Blüten innerhalb der Koralle stehen, sind sie dicht gruppiert worden, langsam stufenartig aufsteigend. Bei den zwei weiteren Calla sieht man auch den schönen hellgrünen Stiel. An der Basis schmücken drei ebenfalls in unterschiedliche Richtungen angeordnete Dieffenbachia-Blätter das Arrangement. Falls nötig kann man die Callastiele durch Einschieben von Zahnstochern oder Streichhölzern verstärken. Gelegentlich wird der Stiel auch durch Einführung eines Steckdrahtes verstärkt.

Die zu den Hornkorallen gehörende *Gorgonacea* ist für Ikebana-Kompositionen ebenfalls sehr beliebt. Ihre bäumchenartige Struktur mit den verzweigten Ästen kann bis zu einem halben Meter Höhe erreichen.

Meine Lieder sind meines
Daseins tiefster Sinn.
Meine Lieder sind meiner
Seele Freudenstrom,
meines Herzens Lebensblut.

Sakaki Nabutsuna

Rosenwalzer

Material: Rosen *(Rosa)*
Spierstrauch *(Spiraea x vanhouttei)*

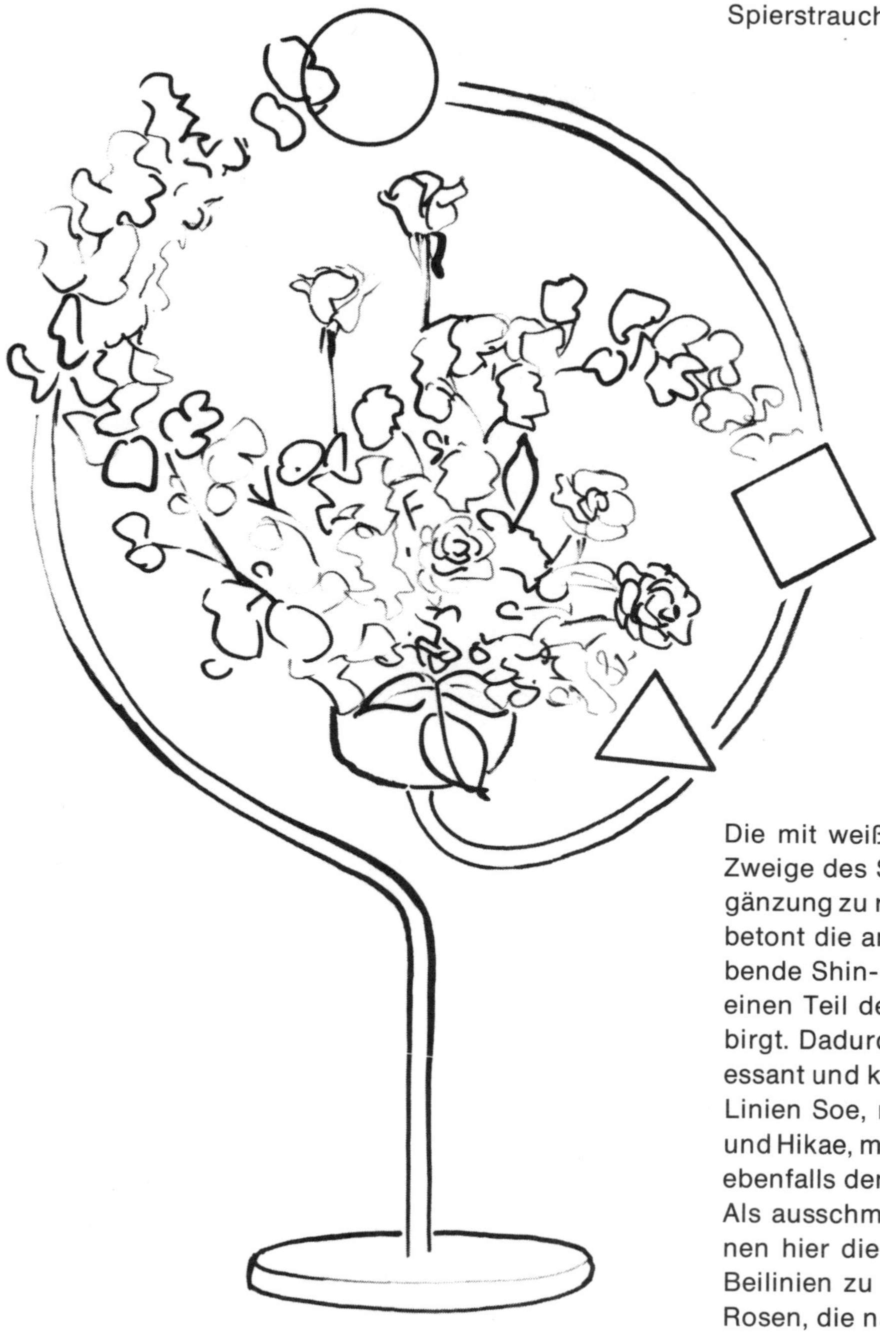

Die mit weißen Sternblüten über und über besetzten Zweige des Spierstrauches sind eine bezaubernde Ergänzung zu roten Rosen. Der präsentierte Blütenreigen betont die anmutig-elegante Eisenplastik. Die aufstrebende Shin-Linie ist so geschickt angeordnet, daß sie einen Teil der schwarzgestrichenen Plastik völlig verbirgt. Dadurch wirkt die Komposition besonders interessant und keineswegs eingeengt. Die beiden weiteren Linien Soe, mit 45 Grad nach vorne rechts kommend, und Hikae, mit 75 Grad nach vorne weisend, untermalen ebenfalls den spiralenartigen Verlauf der Gefäßplastik. Als ausschmückendes und ergänzendes Material dienen hier die Baccara-Rosen. Zwei dieser Rosen sind Beilinien zu Shin, und drei weitere kurz angeordnete Rosen, die nach vorne kommen, sollen die Hikae-Linie unterstützen.
Die Komposition wurde so gearbeitet, daß sie von den beiden Seiten her ein abgerundetes Bild ergibt, d. h. im Hintergrund stehen ebenfalls drei Rosen mit einer weiteren kleinen Hilfslinie des Spierstrauches. Der Kontrast von Schwarz – Weiß – Rot wirkt durch die Leichtigkeit des Gefäßes ausgesprochen fröhlich und unbeschwert.

Wenn du eine Rose schaust,
sag, ich laß' sie grüßen.
Heinrich Heine

Moribana - Schalengestecke

Im übertragenen Sinn heißt Moribana »Landschafts- oder Waldausschnitt, gehalten durch die Nadeln des Kenzans, arrangiert in einer flachen Schale«.
An Form und Art der Schale werden bestimmte Anforderungen gestellt. Sie darf nicht zu klein sein, sonst werden die Gestaltungsmöglichkeiten zu sehr eingeschränkt. Ein Durchmesser von 20–30 cm ist sinnvoll, die Randhöhe kann 4–6 cm betragen; der Boden muß planeben sein und darf keine Erhöhungen und Vertiefungen aufweisen. Für den Anfang sind runde, quadratische, ovale oder rechteckige – also symmetrische, schlichte – Schalenformen in möglichst neutralen Farben wie Schwarz, Braun oder Graugrün, weniger dagegen Weiß zu empfehlen.
Keramik ist das bevorzugte Material für die Gefäße. Glasschalen kamen bis vor kurzem für das Ikebana überhaupt nicht in Frage, weil sie den Japanern zu kalt und fremd erschienen und außerdem der Kenzan darin von allen Seiten sichtbar ist.
Die Schalen sollten neutral sein und keinerlei Pflanzen- oder Blumendekor aufweisen; sie brauchen keinen besonderen Schmuck darzustellen, denn sie sind wie der Igel ein Hilfsmittel und spielen im Vergleich zu den Pflanzen, die sie tragen, eine untergeordnete Rolle.
Bei allen Grundstilen des Moribana regiert das Symbol der Dreiheit, das das Verhältnis des Menschen zu seiner Umwelt, zum All, zu Weg und Ziel widerspiegelt. Shin, Soe und Hikae, die Hauptlinien, liegen den meisten Ikebana-Zusammenstellungen zugrunde. Sie sind in unterschiedlichen Längen einzustecken und sollen, je nach Stilart, in andere Richtungen weisen. In freigestalteten Anordnungen ist es oft etwas schwierig, diese Linien herauszufinden. Die praktische Darstellung zeigt Shin als längste Linie, die den Himmel versinnbildlicht und durch einen Kreis gekennzeichnet ist. Soe, die zweite Linie, ein Quadrat, symbolisiert den im Mittelpunkt des Geschehens stehenden Menschen. Die Erde als drittes Symbol, Hikae genannt, wird durch ein Dreieck wiedergegeben.

Diese drei Hauptlinien können sowohl durch Zweige als auch durch Blumen oder Wurzeln ausgedrückt werden. Je nach Beschaffenheit des Materials im Verhältnis zur Schalengröße wird die jeweilige Hauptlinie durch nur einen Zweig gebildet. Oder aber man verstärkt sie durch Hinzufügung von einer bis vier unterstützenden Beilinien. In der japanischen Sprache werden diese Füllzweige mit »Jushi« bezeichnet. Als solche finden Zweige, Blumen und Blätter Verwendung. Diese Beizweige werden stets gestuft eingesteckt, kürzer als die Hauptlinie, die sie in ihrer Linienführung unterstreichen und ausdrucksvoller erscheinen lassen sollen. Es ist durchaus möglich, daß der längste Beizweig der Linie Shin etwas länger ist als die zweite Hauptlinie, Soe. Im Unterschied zu den Symbolen der Hauptlinien werden die Stützlinien grafisch durch einen waagerechten Balken dargestellt.
Die Längen der drei Hauptlinien sollten auf die Größe der Schale abgestimmt werden. Die Japaner haben dafür eine Art »goldener Schnitt« entwickelt, der es möglich macht, in jeder Schalengröße drei verschieden hohe Anordnungen zu kreieren. Welche der drei Größen eines Gesteckes man wählt, richtet sich in erster Linie nach dem Platz, der für das fertige Arrangement zur Verfügung steht, aber auch nach dem ausgesuchten Pflanzenmaterial. Es hat sich gezeigt, daß man für eine Schale von geringem Durchmesser Blumen und Zweige in der Regel so lang wie möglich beläßt, d. h., daß das größtmögliche Maß zur Anwendung kommt, während man umgekehrt für eine ungewöhnlich große Schale von 50–80 cm Durchmesser versucht ist, den Pflanzen das kleinstmögliche Maß zu Grunde zu legen. Zum besseren Verständnis der praktischen Erfahrung sei hier erwähnt, daß Blumen und Zweige in einer Höhe von 1,20–1,60 m selten zur Verfügung stehen.
Bei kleinen Arrangements ergeben Schalendurchmesser plus Schalenrandhöhe das Maß für die längste Linie, Shin. Die zweite Linie, Soe, beträgt $3/4$ der Länge von Shin. Die dritte Linie, Hikae, mißt $3/4$ des Maßes von Soe.

Bereich für geneigte Form

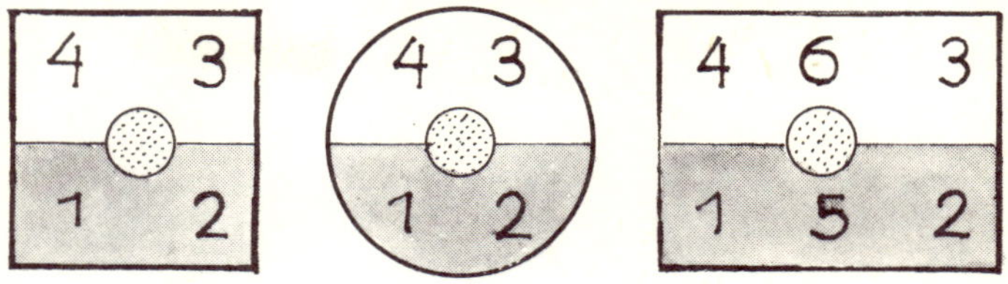

Bereich für aufrechte Form

Der mittleren oder Standardgröße eines Moribana-Arrangements wird für die Linie Shin die $1\frac{1}{2}$fache Länge, resultierend aus Schalendurchmesser plus Schalenrandhöhe, zugrunde gelegt. Soe und Hikae haben wiederum $\frac{3}{4}$ der Länge der jeweils vorangehenden Linie.

Das größtmögliche Maß, bei dem man den Schwung und das Wachstum der Zweige besonders gut zum Ausdruck bringen kann, weist die Linie Shin dann auf, wenn man den doppelten Schalendurchmesser plus Schalenrandhöhe als Maßstab nimmt. Soe ist wieder $\frac{3}{4}$ so lang wie Shin. Für Hikae ergibt sich hier eine weitere Möglichkeit. Oft wird sie nur halb so lang wie Soe gewählt, zumal sie in der Regel nur sehr flach angeordnet wird und bei einer größeren Länge zu weit aus der Schale herausreichen würde. Es bleibt dem Gestaltenden jedoch überlassen, diese Linie je nach Material auch $\frac{3}{4}$ so lang wie Soe zu bilden.

In der Moribana-Form gibt es zwei Grundarten, den aufrechten und den geneigten Stil. Jeder Stil hat acht Variationen. Es ist ratsam, zunächst die Grundform zu üben und sich dann nach und nach die einzelnen Variationen zu erarbeiten.

Die 1. Variation wird »offene Form« genannt, geneigt »flache Form«.

Die 2. Variation trägt den Beinamen »Berg- und Tal-Stil«.

Die 3. Variation heißt »Blumen in drei Wegen«.

Die 4. Variation ist das »Arrangement der Bescheidenheit« mit nur zwei Hauptlinien.

Die 5. Variation ist die auseinandergezogene Form.

Die 6. Variation ist das eigentliche Tischgesteck.

Die 7. Variation umfaßt drei verschiedene Varianten: Ukibana, das schwimmende Arrangement,
Morimono, das Arrangement mit Früchten und
Shikibana, das Trockenarrangement.

Die 8. Variation ist die kombinierte Form.

Aufrechter Grundstil

Für die aufrechten Grundstile gilt allgemein, daß die Hauptlinie Shin immer einen Neigungswinkel von 15 Grad haben muß. Die Arrangements benötigen hauptsächlich Raum nach oben. Der Kenzan wird meistens in den vorderen Schalenpositionen aufgestellt, also auf 1, 2 oder 5.

Als besondere Merkmale des aufrechten Grundstiles stehen Shin und Soe dicht nebeneinander, beide nach links weisend, so daß die Betonung auf der linken Seite liegt. Der große Abstand zwischen Shin und Hikae versinnbildlicht für den Japaner den Raum für die Gedanken.

Großblättrig belaubte Zweige sind für diese Form ungeeignet, da sich die beiden Linien Shin und Soe deutlich voneinander abheben müssen.

Materialvorschläge: Besenginster, Eukalyptus, Ruscus, Weidenkätzchenzweige, Peddigrohr.

Geneigter Grundstil

Für die geneigten Stile gilt allgemein, daß die Hauptlinie Shin immer einen Neigungswinkel von 45 Grad hat. Da die geneigten Formen ausladender sind, beanspruchen sie im Gegensatz zu dem aufrechten Stil mehr Platz in der Breite. Demzufolge wird der Kenzan auf den hinteren Positionen der Schale aufgestellt, also auf 3, 4 und 6.

Als besondere Merkmale des geneigten Grundstiles werden die Linien Shin und Soe beide zur linken Seite hinweisend eingesteckt. Der Schwerpunkt des Arrangements liegt also links. Vollbelaubte oder buschig gewachsene Zweige eignen sich nur, wenn sie an den inneren Berührungsstellen gelichtet worden sind.

Materialvorschläge: Blütenzweige, Ginster, Kätzchen, Reisstroh, Gladiolen, alle einseitig gewachsenen Blumen und Zweige.

Moribana-Variationen

Nr. 1 bis 4

Variation Nr. 1 im aufrechten Stil

Diese Variation wird auch die »offene Form« genannt. Im Gegensatz zum Grundstil weist Shin mit 15 Grad nach rechts. Hierdurch entsteht eine fast gleiche Raumaufteilung zwischen den Linien Shin, Soe und Hikae. Beim Anordnen der Hauptlinien achte man darauf, daß die Harmonie durch ein kreisförmiges Begegnen der äußeren Punkte ihre Vollendung findet. Jushis, also Beilinien, müssen besonders kurz angeordnet werden.
Materialvorschläge: Fast alle Blumen und Zweige sind für diese Variation geeignet. ▷

Variation Nr. 1 im geneigten Stil

Als »flache Form« bezeichnet man diese Variation, denn in flacher Anordnung weisen die drei Hauptlinien in drei verschiedene Richtungen. Das Arrangement beansprucht viel Platz in der Breite. Deshalb sind rechteckige oder ovale Gefäße besonders geeignet.
Materialvorschläge: Spiraea arguta mit Rosen, Forsythien mit Iris, Apfelblütenzweige mit Tulpen, Kirschzweige mit Rosen, Lärchenzweige mit Gerbera.

Variation Nr. 2 im aufrechten Stil

»Berg- und Talstil« heißt diese Variation.
Der Tausch der Positionen und Gradzahlen von Soe und Hikae läßt die in der Grundposition verharrende Linie Shin zum Berg werden, während Soe das weitauslaufende Tal bildet.
Materialvorschläge: Vorzugsweise werden Shin und Soe aus schön gewachsenen und geformten Zweigen wie denen der Kastanie, der Lärche, des Rhododendron oder des Ginsters dargestellt. Ebensogut eignen sich Blütenzweige.
Hikae hingegen bildet man mit einer, zwei oder drei gleichartigen Blumen.

Variation Nr. 2 im geneigten Stil

Dieser großzügigen und weit ausladenden Form wird man nur durch bizarr gewachsene, schwungvolle Zweige und Blumen gerecht. Die Schale muß dementsprechend groß sein und durch ausgefallene Formgebung den künstlerischen Effekt abrunden. Für die Linie Shin wird das größtmögliche Maß zu Grunde gelegt.
Materialvorschläge für Shin und Soe: Apfelblütenzweige, Forsythien, japanische Quittenzweige, Rhododendron, bemooste Flechtenzweige, Schlehenzweige, Euphorbien.
Für Hikae eignen sich Tulpen, Iris, Rosen, Osterglocken und Anemonen.

Die Blumen des eigenen Gartens
duften nicht so stark wie die wilden Blumen,
dafür halten sie länger.

Buson

Variation Nr. 3 im aufrechten Stil

Die Hauptlinien werden immer durch leicht wirkende Blumen oder Blütenzweige dargestellt. Die grazile Form dieser Variation erreicht man am besten, indem man zarte und kleinblütige Blumen, die wie ein geöffneter Fächer wirken sollen, in einer kleinen Schale mit Fuß (Pilzform) arrangiert. Hikae, die Erde, weist von der vorderen Mitte des Kenzans ausgehend, direkt dem Beschauer entgegen.

Diese Variation wird oft auch als Tischdekoration benützt, so daß für die längste Blume meist das kleinstmögliche Längenmaß gewählt wird.

Materialvorschläge: Freesien und Ranunkeln, italienischer Ginster und Nelken, Berberitzen *(Berberis verruculosa)* und Teerosen, Tamariske und blaue Anemonen oder rosa Nelken, Rosen und Farne. ▷

Variation Nr. 3 im geneigten Stil

Auch für die geneigte Form verwendet man nur zarte Blumen und Blütenzweige, die sich gegenseitig umspielen. Hikae behält seine Position und Gradzahl wie in der aufrechten Form. Als Gefäß eignet sich hier allerdings eine flache schmale, bootähnliche Schale am besten.

Materialvorschläge: Pflaumenblütenzweige und Anemonen, italienischer Ginster und Nelken, Mimosen und Anemonen, blühende Berberitzen *(B. verruculosa)* und gelbe Rosen, Spiräen *(Spirea arguta)* und rote Rosen.

Variation Nr. 4 im aufrechten Stil

Bei dieser Variation, dem Arrangement der Demut, verzichtet man völlig auf die Linie Soe, den Menschen, so daß nur zwei Hauptlinien verbleiben, und zwar Shin, der Himmel, und Hikae, die Erde. Es ist das typische Beispiel der Aussparung im Ikebana. Um diese Variation nicht dürftig wirken zu lassen, wird die Linie Shin durch einen ausdrucksvollen Zweig besonders betont. Hikae wird vorzugsweise durch eine großblütige Blume dargestellt; auf diese Weise bewahrheitet sich der japanische Ausspruch:

Ein Zweig, eine Blüte, ein Blatt
sind für unsere Augen mehr denn tausend.

Der Kenzan wird wirkungsvoll durch ein großes Blatt verdeckt.

Materialvorschläge für Shin: Bizarre Kiefernzweige, Rhododendronzweige, Weinrebstöcke, Kastanienzweige usw.

Für Hikae eignen sich Amaryllisblüten, Anthurien, Lilien, Hortensien, Proteen, Pfingstrosen und Orchideenrispen.

Variation Nr. 4 im geneigten Stil

Sie ist eine weitere Möglichkeit, den Stil der Bescheidenheit und der Demut zu gestalten. Die Betonung liegt auf der Hauptlinie Shin, die man durch einen ausdrucksvollen, kräftigen, eventuell mehrfach gegabelten Zweig darstellt. Hikae wird durch eine Blüte verkörpert und mißt $1/3$ von Shin. Den Kenzan verdeckt man mit Steinen, Muscheln, einem großen Blatt oder Bleikristallstücken.

Materialvorschläge: wie bei Variation 4 im aufrechten Stil.

Pfingstwunder

Material: Lupinen *(Lupinus),* Pfingstrosen *(Paeonia),* Flieder *(Syringa vulgaris)*

Diese farbenfrohe Komposition besteht aus blauen Lupinen, rosaroten Pfingstrosen sowie weißem Flieder, den Blumen des ausklingenden Frühlings.
Das Ganze ist im Stil der aufrechten Form der Sogetsu-Schule arrangiert, d. h. die längste Hauptlinie Shin weist mit 15 Grad nach links – hier verdeutlicht durch die emporwachsende Lupine. Die Blätter am Stiel wurden weitgehend entfernt, um zu zeigen, wie elegant die Linien selbst von einfachen Gartenblumen sein können. Die ihr beigeordnete Pfingstrose hat die Aufgabe, die Hauptlinie zu unterstützen. Durch die der Shinlinie zugewandte Bewegung wird dieser Eindruck vertieft. Der schlanke Stiel der längeren Lupine sollte dabei sichtbar bleiben, um die Hauptlinie nicht zu kompakt oder gar erdrückend wirken zu lassen. In dieser Zusammenstellung wurden entgegen der allgemein gültigen Regel im Ikebana die helleren Blumenfarben nicht an der Spitze der Anordnung verarbeitet, während die dunklen Farbtöne die Basis des Arrangements bilden. Die Wachstumsform der Lupinen, deren kleine Schmetterlingsblüten von unten nach oben erblühen, lassen keine kurzgeschnittene Anordnung zu, sonst wird die Eigenart bzw. die Aussagekraft dieser Pflanze zerstört. Außerdem ist die direkte Verbindung der blau-weiß geränderten Glasschale mit den Lupinen vom ästhetischen Gesichtspunkt her undenkbar. Die zwei verschiedenen Blautöne, das helle Blau der Schale und das Rosaviolett der Lupine, würden nicht harmonieren. Daher hat man die künstlerische Freiheit, diese Regeln zu umgehen, unter der Voraussetzung, daß der längste Punkt optisch gesehen trotz des dafür gewählten dunklen Farbtons der leichteste in der Anordnung bleibt. Der Ikebana-Künstler sollte die Harmonie des Farb- und Formenspiels immer wieder in den Vordergrund seiner gestalterischen Überlegungen stellen. Beim Einstecken der Lupinen wird entweder der hohe Stiel mit einem oder zwei Zahnstochern ausgefüllt oder aber durch abgeschnittene, von unten her eingeschobene Stielreste bzw. durch ein dünnes Zweiglein verstärkt. Sollte die Lupine etwas schräger angeordnet werden, empfiehlt es sich, den Stiel unten noch einmal mit einem hölzernen Keil abzufangen, damit er bei dieser Länge auch einwandfrei steht.
Wie strahlendes Rot auf den Wangen einer schönen Frau, so empfindet der Japaner die Pfingstrose. Er betrachtet sie als die Königin aller Blumen. Um jede Blüte wirksam arrangieren zu können, sollten alle Nebenblüten entfernt werden, ebenso ein Teil der großen, interessant geformten Blätter. In der nebenstehenden Anordnung wird die Linie Soe mit 45 Grad durch die längste der Pfingstrosen gebildet. Eine zweite Blüte schaut dem Beschauer entgegen, während die dritte Pfingstrose schwimmend mit einem Blatt unterlegt auf der Schale angeordnet wurde.
Die schwimmende Anordnung mit dem Grundstil der aufrechten Form zu kombinieren, ist frei variiert, aber erlaubt, auch bei allen anderen Variationen, wenn es die Schalenform und die Zusammenstellung zuläßt.
Die Linie Hikae wird hier durch die vollbesetzten Blütentrauben des Flieders gebildet. Hikae, nur 1/3 von der Linie Shin, also 3/4 von Soe, weist mit 75 Grad nach rechts. Sicherlich wird für viele diese Anordnung von Flieder neu sein. In vielfacher Hinsicht ist aber diese kurzgeschnittene Anordnung sehr zweckmäßig, zumal der Flieder dann selbst an heißen Tagen nicht schlafft und die Spitzen durchhängen. Durch die kurz angeordneten Fliederdolden ist auch die Wasseraufnahme erleichtert, so daß der Flieder einwandfrei steht. Sollte er durch den Transport etwas müde geworden sein, empfiehlt es sich, ihn noch einmal unter kochend heißem Wasser neu anzuschneiden. Zum Schluß sollte man den Igel noch mit Kies, Muscheln oder Steinen abdecken. Bei einer Anordnung des Igels in einer Glasschale ist es ratsam, ihn zuvor rundum in Alufolie zu packen, damit man die Igelnadeln nicht von der Seite sieht. Das gilt vor allem für flache große Glasschalen.

Warmes Licht

Material: Stechapfel *(Datura stramonium),* Amaryllis *(Hippeastrum),* Mahonienblätter *(Mahonia)*

Der Stechapfel ist ein Nachtschattengewächs, das seinen Namen den walnußgroßen stacheligen Früchten verdankt. Sie sind außerordentlich dekorativ. Darüber hinaus hat die einjährige Pflanze auch Heilwirkung. Blätter und Samen werden zu einer Tinktur gegen Asthma verarbeitet. Die Pflanze mit den weißen trichterförmigen Blüten findet man häufig auf Schuttplätzen; zum Teil wird sie heute auch wieder in den Gärten kultiviert. Für den Ikebana-Freund sind ausschließlich die bizarren fruchttragenden Stechapfelzweige des Herbstes von Interesse. Sie lassen sich ohne Schwierigkeiten in der Vase oder auf dem Igel stehend trocknen. Im Handel werden sie gebleicht, versilbert oder vergoldet als besonderer Schmuck für die Wintermonate angeboten. Die beiden letztgenannten Veränderungen kann man nach dem Trocknungsprozeß ohne weiteres selbst vornehmen.

Harmonisch lassen sich damit Amaryllis, Königsproteen, Anthurien, Strelitzien und Känguruhpfoten kombinieren. Da man zu den genannten Blumen selten eigene Blätter bekommt, sind als Ergänzung Mahonienblätter, Rhododendron, Aukuben, Philodendron, Ilex oder Kiefer zu empfehlen.

Der längste der beiden Stechapfelzweige weist mit 15 Grad nach rechts, die zweite Linie ist $^3/_4$ so lang wie die erste und kommt mit 45 Grad nach vorn links. Die zweiblütige Amaryllis, halb so lang wie der zweite Stechapfelzweig, steht mit 75 Grad Neigung nach vorn rechts.

Der hohle Amaryllisblütenstiel ist zuvor mit abgeschnittenen Stielresten auszufüllen. Damit sich diese beim Einstecken auf den Igel nicht nach oben schieben, wird der Stiel 1 cm über der Schnittfläche mit einem Klebeband abgewickelt.

Es ist ratsam, die Stiele mit den schweren Blüten durch Einschieben eines Holzkeiles zusätzlich von unten abzustützen.

Die vom Frost rotbraun gefärbten Mahonienblätter sind eine harmonische Ergänzung.

Moribana-Variationen

Nr. 5 bis 8

Variation Nr. 5 im aufrechten Stil

Alle bisher beschriebenen aufrechten Formen können in der auseinandergezogenen Variation wiederholt werden, indem man jeweils einen der drei Hauptpunkte auf einen zweiten Kenzan anordnet. In einer größeren Schale kann die Wasserfläche wirkungsvoll mit einbezogen werden. Durch Kieselsteine läßt sich die Bewegung des Wassers zum Ausdruck bringen und gleichzeitig die Linienführung der Hauptpunkte betonen.

Mit dieser Variation hat man die Möglichkeit, je nach Größe des gewählten Materials, einen Landschaftsausschnitt im Nah- oder Fernblick darzustellen.

Materialvorschläge: Iris, Gladiolen, Lilien und Rohrkolben, Rosen und Lärchen, Kiefern und Chrysanthemen, rote Rosen und weiße Lilien, Anemonen und Forsythien.

Variation Nr. 5 im geneigten Stil

Zwei bis drei Kenzane und eine große Schale (rechteckig oder oval) werden benötigt. Diese langgestreckte, auseinandergezogene Form, in der alle vorher beschriebenen geneigten Stile mit ihren Besonderheiten wiederholt werden können, ermöglicht wieder die Darstellung eines Landschaftsausschnittes, in dem nach eigener Wahl Shin, Soe oder Hikae einzeln aufgestellt werden.

Materialvorschläge: Die Kombinationsmöglichkeiten sind so zahlreich, daß auf spezielle Hinweise verzichtet werden kann.

Variation Nr. 6 im aufrechten Stil

Eine solche Komposition steht am besten frei im Raum und muß deshalb von allen Seiten lückenlos schön sein, ohne beim Beschauer das Gefühl der symmetrischen Anordnung entstehen zu lassen. Diese Art des nach oben strebenden Tischgestecks ist für einen Empfangsraum gedacht und sollte möglichst erhöht stehen und zusätzlich in einem hochgebauten Gefäß angeordnet sein. Bei der Auswahl von Blüten, die für alle drei Linien verarbeitet werden, sollte man daran denken, daß einseitig gewachsene Blumen wie Gladiolen dafür nicht in Frage kommen.

Materialvorschläge: Lilien, Calla, Strelitzien, Chrysanthemen und Pfingstrosen.

Ist der Stamm auch schwach
trägt der Chrysanthemenstrauch
eine Knospe doch.

Bashô

Variation Nr. 6 im horizontalen Stil

Diese Variation ist das typische Tischarrangement für die gedeckte Tafel. Langgestreckte, schmale oder auch hochgebaute Schalenformen ergeben für die flachgehaltene Blumenanordnung günstige Verbindungen. Meistens werden in dieser Variation zwei duftig wirkende Materialien miteinander kombiniert. Die Seiten werden flach nach außen gezogen, und die Mitte ist der niedrigste Punkt. Für Shin wird je nach Schalengröße das kleinstmögliche oder das Standardmaß gewählt.

Materialvorschläge: Weidenzweige mit Anemonen, weiße Colvilleen mit roten Rosen, Gladiolen mit japanischen Ahornblättern, Wicken mit Schleierkraut, Rosen und Margeriten mit italienischem Ginster. △

Variation Nr. 7

Dieser Variation gehören drei verschiedene Formen an, Ukibana, das schwimmende Arrangement, Morimono, das Arrangement mit Früchten und Shikibana, das Trockenarrangement ohne Wasser und Schale.

Ukibana

Für diese Variation braucht man keinen Kenzan, dafür aber eine möglichst flache Schale oder einen Teller von 30 – 50 cm Durchmesser. Die drei Punkte werden schwimmend ganz flach angeordnet und im Idealfall durch eine noch knospige Blüte, eine vollaufgeblühte Blume und ein Blatt dargestellt.
Materialvorschläge: Gladiolen, Seerosen, Clematis, Dahlien, Pfingstrosen, Skabiosen, Astern, Rosen, Chrysanthemen und Hibiskus.

Morimono

Dieses Gesteck kann auf einem flachen Lack- oder Glasteller ebenso wie in einem flachen Körbchen mit Früchten verschiedener Art angeordnet werden. Besonders reizvoll aber wirkt eine Kombination mit Blumen und Früchten.
Materialvorschläge: Gerstenähren, Anemonen und Weintrauben; Chrysanthemen, Weinranken und Weintrauben; Rohrkolben, Maiskolben, Paprika, Äpfel und Nüsse.

Shikibana

Diese Form dient als Tischdekoration und wird flach und langgestreckt ohne Wasser und Schale direkt auf dem Tisch angeordnet. Damit die Blumen frisch bleiben, werden sie an den Schnittflächen mit einem feuchten Wattebausch und mit einem grünen Klebeband, das das Durchdringen der Feuchtigkeit verhindert, umwickelt.
Materialvorschläge: Dahlien und Weinranken, Freesien und Moosrosen, Chrysanthemen und Efeuranken oder wilder Wein, Asparagus und Nelken, Anemonen und Pflaumen- oder Pfirsichblütenzweige, Azaleen und Kirschblütenzweige.

Jüngst sah ich im Traum,
wie der wilde Frühlingswind
Blüten dicht verstreute.
Und mein Herz ist immer noch
ganz von Bangigkeit erfüllt.

Saigo

Variation Nr. 8 im aufrechten Stil

Zwei in sich abgeschlossene Grundformen werden hier miteinander kombiniert. Dazu verwendet man zwei in Form und Farbe gleiche oder zueinander passende Schalen.
Man kann für beide Stile das gleiche Material in Art und Farbe, das gleiche Material in zwei Farben oder völlig anders geartetes Material, das aber gut aufeinander abgestimmt sein muß, wählen.
Materialvorschläge: Spiräenzweige und rote Levkojen; rote und gelbe Tulpen; Mimosen, Erlenzweige und Osterglocken; Forsythien und Iris. △

Variation Nr. 8 im geneigten Stil

Ähnlich wie in der aufrechten Form ergänzen sich hier zwei voneinander unabhängige geneigte Stile.
Für die Auswahl der Schalen und Blumen gilt das unter Variation Nr. 8 im aufrechten Stil Gesagte.
Materialvorschläge: Wilder Hafer, Ixien und Fruchtstände der Küchenschelle; Rosen und Bergenienblätter; Kätzchenzweige und Rosen; Deutzien und Akelei; Skabiosen und Nelken; Buddleja und Edelweißmargeriten.

Der Kenzan

Der Kenzan – auch Igel genannt – ist das wichtigste Hilfsmittel beim Arrangieren von Blumen und Zweigen in flachen Schalen. Er besteht aus einer Blei-Silamon-Platte, die möglichst stark sein sollte, damit die erforderliche Schwere vorhanden ist, und einer dichten Bestückung vierkantiger Messingnägel. Da der Kenzan praktisch keinen Verschleiß aufweist, ist er jahrelang gebrauchsfähig. Es lohnt sich also, bei der Anschaffung darauf zu achten, daß es sich um einen original japanischen Igel der vorbeschriebenen Art handelt. Die Vierkant-Messingstifte rosten nicht und sind äußerst blumenfreundlich. Sie geben den Stielen einen besonders festen Halt und ermöglichen den Pflanzen eine optimale Wasseraufnahme. Auf einen solchen Kenzan gesteckte Blumen bleiben wesentlich länger frisch als in herkömmlichen Vasen. Diese Erfahrung wird jeder Ikebana-Freund sehr schnell machen.

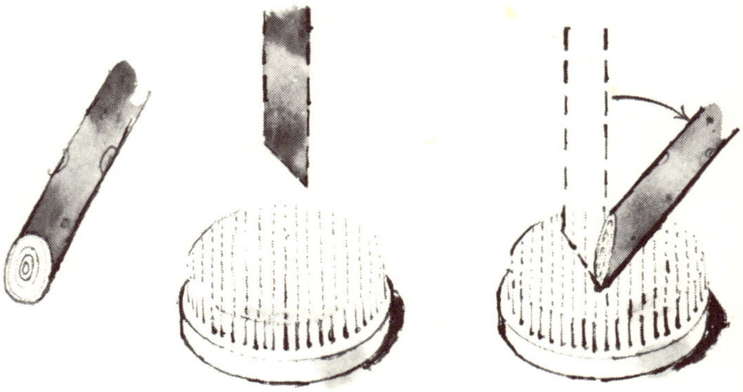

Kenzane gibt es in verschiedenen Formen. Besonders geeignet ist für den Anfänger der Vollmond/Halbmond-Kenzan, dessen Halbmond oft zum Beschweren des ungleich belasteten Vollmond-Kenzans benötigt wird. Für große Landschaftsarrangements kann auch die ganze Nagelfläche des Vollmond/Halbmond-Kenzans benützt werden. Gegebenenfalls beschwert man sie zusätzlich mit dem Halbmond eines anderen Kenzansets, damit bei ungleicher Belastung der eingehakte Halbmond nicht nachgibt.

Bei schweren großen Arrangements hat sich der rechteckige Kenzan bewährt, der diagonal mit verschiedenartigen Messingstiften bestückt ist, wobei die eine Kenzanhälfte dichter und niedriger gehalten, die zweite dagegen mit höheren, weiter auseinanderstehenden kantigen Messingstiften versehen ist. Sie wird vorzugsweise zum Einstecken der schweren Kastanien-, Kiefern- oder Blütenzweige benützt; die dicht genagelte niedrige Seite ist den Blumen und Blättern vorbehalten.

Darüber hinaus gibt es länglich-schmale Igel in verschiedenen Größen für Mond- und Bootgefäße. Kleinsten Arrangements dient der Mini-Kenzan in runder oder rechteckiger Form. Große rechteckige Kenzane sind in einem Höchstmaß von 5 cm Breite auf 20 cm Länge und aushakbar, ähnlich dem Vollmond/Halbmond-Kenzan, im Handel erhältlich. Runde Igel kann man in der Größe von 2 – 10 cm erwerben. Für ganz besonders starke Äste, deren Durchmesser 10 cm und mehr betragen kann, sollte man einen Igel in einem

schweren Bleieinsatz wählen. Dieser ist 10 cm hoch und im oberen Bereich mit Rillen versehen, damit die Möglichkeit besteht, noch einen hölzernen Kubari einzuklemmen, der schwere Zweige nicht nur mit den Igelnägeln hält, sondern zusätzlich noch stützt. Außer den erwähnten Formen gibt es noch dreieckige zusammensetzbare Igel, sowie ovale und kleine runde, die durch eine Metallkette fest miteinander verbunden sind.
Einen Igel besonderer Konstruktion hat die Ohara-Schule entwickelt; er ist unter der Bezeichnung »Shippo« in Fachgeschäften erhältlich. Auch er wird für die Blumengestecke in der flachen Schale verwendet. Der einfache Shippo besteht aus zwei Teilen, und zwar aus einem Igel und einem in verschiedene wabenartige Segmente eingeteilten Bleiring. Die Auflageflächen für den Bleiring sind auf dem Igel ausgespart. Die Bleiplatte dieses Igels ist wesentlich dünner als bei den herkömmlichen Kenzanen. Allein ist der Igel nicht zu gebrauchen, da die Stifte zu weit auseinanderstehen und die Aussparungen für den Ring des Shippo auf der Igelfläche sichtbar werden. Nur in Verbindung mit dem Metallring finden hier die Blumen und Zweige Halt. Dieser Shippo ist allerdings nicht so gut abzudecken, wie das bei den flach in der Schale liegenden Igeln der Fall ist.

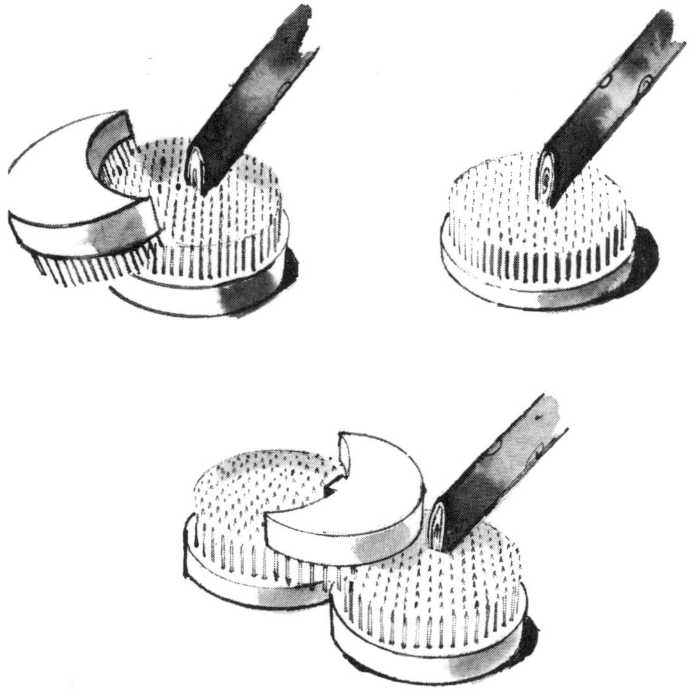

Die Pflanze gleicht den eigensinnigen Menschen,
von denen man alles erhalten kann,
wenn man sie nach ihrer Art behandelt.

Goethe

Frühlingsklänge

Material: Schwertlilie *(Iris)*, Ziermandelblütenzweige *(Prunus triloba)*, lilienblütige Tulpen *(Tulipa)*

Zart und duftig, so wirken die Blütenfarben des Frühlings. Man spürt förmlich, wie sich die geöffneten Tulpenkelche der wärmenden Sonnenstrahlen erfreuen. Bis hin zum gelben Blütengrund offenbaren sie sich dem aufmerksamen Betrachter. Die honiggelben Staubgefäße werden zu Glocken, die den Frühling einläuten. Porzellanähnlich und elegant wirken die schmalgeformten zugespitzten Blütenblätter der lilienblütigen Tulpen, die auch hier verarbeitet wurden. Ihr besonderes Merkmal sind die nach außen zurückgeschlagenen Blütenblätter, deren oberer Teil sich auch im knospigen Zustand nach außen öffnet. Tulpen haben in jeder Phase eine besondere Aussagekraft. Die noch fest geschlossene Tulpenknospe erscheint geheimnisvoll. Noch verbergen sich viele Möglichkeiten hinter den festgeschlossenen grünen Blütenblättern, während die sich öffnende Tulpe langsam an Farbintensität zunimmt und mehr und mehr ihre Eigenart preisgibt.

Bei den Ikebana-Kompositionen mit Tulpen spielen die linealischen bis breitlanzettlichen Tulpenblätter immer eine wichtige ausschmückende Rolle. Meistens sind die Tulpenblätter mit der doppelseitig geschliffenen Ikebana-Schere vorsichtig nachzuschneiden. Besonders die ersten Treibhaustulpen haben im Verhältnis zu der Blüte viel zu große, schlaff herunterhängende Blätter. Bei angeknickten Blättern oder gelben Blattspitzen wird diese Methode gleichfalls angewandt. Tulpenblätter kann man auch in der Mitte halbieren und dadurch wesentlich verkleinern bzw. aus einem Blatt zwei machen. In das lose Blattstück wird dann ein abgeschnittenes Stielende – halbiert oder auch in natürlicher Stärke – unten eingerollt und mit Hilfe von Bast befestigt. Oder aber man schrägt das Tulpenblatt von beiden Seiten spitzwinklig an und stellt es um den Tulpenstiel herum. Die hinter den Tulpen wachsenden Iris halten ihre Knospen fest verschlossen. Noch sind sie nicht aufgerufen, im Blütenreigen mitzuklingen. In Japan werden die Irisblüten oftmals mit Haaren oder dünnen Bastfäden unter der Blüte zusammengehalten, damit man dauerhaft den knospigen Zustand erhält. Für das Auge bleibt dieser kleine Faden unsichtbar, und auf die Haltbarkeit der Blüte hat dieser technische Kunstgriff keinen Einfluß. Die schwertförmigen Blätter werden ebenfalls mit der Ikebana-Schere entsprechend der Blattform verkürzt. Fast wie gefüllte Kußröschen, so wirken die nach rechts und links strebenden Mandelblütenzweige. Der mit 15 Grad nach rechts gerichtete Zweig soll die Hauptlinie Shin, den Himmel, darstellen und der mit 45 Grad nach links weisende die Linie Soe, den Menschen. Beide Hauptlinien sind durch gleichartige, etwas kürzer gehaltene Nebenlinien verstärkt worden. Die dritte Hauptlinie, Hikae, die Erde, wird durch die Tulpen gebildet. Die Iris stellen eine Verstärkung der Hauptlinie Shin. Das Arrangement ist in der Variation 6 des aufrechten Stiles der Sogetsu-Schule gearbeitet.

Alles Lebendige strebt zur Farbe,
zum Besonderen, zur Spezifikation,
zum Effekt.

Goethe

Besinnung zu zweit

Material: Flamingoblume *(Anthurium),*
Traubendorn *(Danae racemosa)*

Seit Generationen wird in Japan Bambus zur Herstellung von Gefäßen verarbeitet. In früheren Zeiten sind alle klassischen Ikebana-Formen Rikka, Seika, Shoka sowie die erzählenden Bootarrangements in Bambusbehältern arrangiert worden. Neben den schlichten zylindrischen Vasenformen gibt es auch heute noch reizvolle Bambusrohre mit ein bis 3 Ausschnitten, die auch als »Fenster« bezeichnet werden. Der Japaner spricht von Nijuike, Sansjuike. Die typischen Bootgefäße werden aus den Wurzelansätzen der Bambusbäume mit möglichst vielen Wachstumsringen gefertigt. In die Ausschnitte oder Öffnungen sind zur Aufnahme der Blumen und Pflanzen Messing- oder Kupfereinsätze eingearbeitet worden. Vielfach wird die Innenfläche auch noch mit Bootlack, Teer oder Bitum bestrichen, damit das Bambusgefäß wasserunempfindlich wird.
Das abgebildete schmale Bambusrohr ist besonders präpariert worden, damit es nicht reißt. Die äußere Schicht wurde zu diesem Zweck abgeschliffen und mit einem präparierenden Schutzlack überzogen. Bambus muß gut abgelagert sein, damit er die Feuchtigkeit und Temperaturschwankungen übersteht. Insbesondere im europäischen Klima besteht die Gefahr, daß diese beliebten Behälter springen, da die Luftfeuchtigkeit hier wesentlich geringer ist als im fernen Osten. Das aparte Bambusgefäß gleicht einem Pelikan, der seinen Schnabel öffnet.
Die Komposition mußte so gehalten werden, daß sie die Gefäßform in keiner Weise beeinträchtigt. Die Stiele der Flamingoblumen lassen sich vorsichtig nachbiegen, so daß man die Blüten gegensätzlich anordnen kann. Die drei Hauptlinien sind hier wie folgt dargestellt: Eine nach links weisende Anthurie bildet den längsten Punkt; eine zweite Blüte weist nach rechts und nimmt durch die Stellung ihrer Blütenform trotzdem Bezug auf die erste Linie; der dritte Punkt, ein Traubendornzweig mit orangen Beeren, ist dicht neben den Stielen der Anthurie nach rechts weisend dem Beschauer zugewandt.

Die Anthurie ist eine recht lange haltende, prächtige Blume, die immer mehr Freunde gewinnt. Nicht ihr Hochblatt ist die Blüte, sondern der in der Mitte stehende Kolben. Beim Kauf ist darauf zu achten, daß noch keine geöffneten Staubgefäße oder gar braune Spitzen zu sehen sind. Sie sollte schräg unter Wasser angeschnitten werden. Die Zugabe von Frischhaltemittel ist nicht empfehlenswert. Anthurien sind sehr druck- und stoßempfindlich. Besonders das Hochblatt knickt leicht ein. Entstandene Risse ergeben schon am nächsten Tag braune Flecken. Daher ist beim Transport größte Vorsicht geboten.

Auch der Baum, auch die Blumen warten
nicht bloß auf unsere Erkenntnis.
Sie werben mit ihrer Schönheit und Weisheit
an allen Enden um unser Verständnis.
Christian Morgenstern

Nageire-Vasengestecke

Mit Nageire bezeichnet man das lockere Einordnen von Blumen und Zweigen in der Vase. Die letzten starren Regeln des Seika, dem späteren Shoka, wurden für diese Ikebana-Form abgebaut; die Beschränkung auf die drei Linien Himmel, Mensch und Erde blieb erhalten. Japanische Blumenmeister erklärten die Dreigliederung im Ikebana folgendermaßen:
Eine Linie ist symbolisch,
zwei Linien sind harmonisch,
drei Linien bedeuten Erfüllung.
Im Jahre 1560 entstand die erste Nageire-Form – das Chabana – ein typisches Arrangement für das Teehaus, daher auch »Blumen für den Tee« genannt. Im Gegensatz zu den bisher üppigen, großen Arrangements wird im Chabana die Kunst des Weglassens und Aussparens praktiziert. Mit einer geringen Anzahl von Blumen und Zweigen wird versucht, die Schönheit der Natur zum Ausdruck zu bringen. Dies entspricht dem Grundsatz, das Wesentliche zu tun und das Unwesentliche zu lassen. Eine einzelne Blume oder eine Blume und ein Zweig sind Zeichen für Klarheit und Bescheidenheit. Die ausstrahlende Ruhe des Arrangements soll zur Erkenntnis der Wahrheit im Leben führen. Chabana wurde als alleiniger Schmuck für das Innere des Teehauses geschaffen. Aus dem Stil der Bescheidenheit entwickelte sich im Laufe der Jahre ein Ikebana für die häusliche Tokonoma-Nische, das Nageire. Unter Berücksichtigung aller wesentlichen Erkenntnisse und Erfahrungen wurde eine bis heute gültige Form gefunden.
Nageire besteht, genau wie Moribana, aus zwei Grundstilen mit je acht sich aus ihnen ableitenden Variationen, sowohl in der aufrechten als auch in der geneigten Form. Hinzu kommen noch der Kaskadenstil, der hängende und der himmelstrebende Stil.

Norman Sparnon, ein sehr bekannter großer Ikebana-Meister, brachte kürzlich den treffend formulierten Vergleich:
»Moribana wächst – Nageire fließt«.

Zahlreich und unterschiedlich sind die Formen, Größen und Farben der Gefäße für Nageire. Es gibt kugel-, flaschen-, trichter- und pilzförmige, asymmetrische und abstrakte Gefäßformen, Vasen mit Ausschnitten und zusammengesetzte Vasenkörper. Das Ausgangsmaterial ist vorwiegend Ton, aber auch Glas, Holz, Bronze, Messing, Kupfer, Bambus, seltsam geformte und ausgehöhlte Steine oder Korbgeflechte mit Einsatz werden verwendet.
Für den noch ungeübten Ikebana-Freund sind am Anfang kubische oder zylinderförmige Vasen aus Keramik besonders empfehlenswert. Diese Formen erleichtern das Einarbeiten der Befestigungsmethoden. Plastikvasen dagegen sind ungeeignet; sie haben sich für jede Art von Befestigung als zu leicht erwiesen.
Der Grundaufbau im Nageire besteht genau wie im Moribana, dem Schalenarrangement, aus drei Linien. Der längste Punkt symbolisiert den Himmel, während der kürzeste die Erde verkörpert. Zwischen beiden steht der zweite Punkt, der Mensch. Auch die japanischen Bezeichnungen dieser drei Hauptlinien Shin, Soe und Hikae sind unverändert. Alle hinzugefügten Ergänzungen (Jushi) müssen sich harmonisch an dieses Dreierprinzip anpassen. Es gilt als Symbol für den gesamten Kosmos.
Genau wie im Moribana ist es auch im Nageire möglich, in jedem Gefäß das Arrangement in drei verschiedenen Größen zu gestalten.
Bei den Vasengestecken nennt man immer das längste Maß zuerst, also Vasenhöhe plus Durchmesser. Für ein kleines Blumenarrangement wählt man einmal die Höhe plus Durchmesser der Vase, für ein mittleres Arrangement $1^1/_2$mal Höhe plus $1^1/_2$mal Durchmesser und für ein großes Arrangement zweimal Höhe plus zweimal Durchmesser. Allerdings ist anders als im Moribana beim Arrangieren in der Vase stets der Pflanzenteil, der in die Vase hineinreicht, dem jeweiligen Maß hinzuzufügen. Das kann sehr verschieden sein, zumal längst nicht jeder Zweig bis zum Vasenboden gelangen muß. Ausschlaggebend sind dabei auch Befestigungs-

art, Vasenform und Stil – aufrecht oder geneigt. Letzterer wiederum richtet sich nach der Beschaffenheit des Zweiges oder der Blume.
Bei den aufrechten Stilarten kann – ganz gleich, welche Befestigungsmethode benutzt wird – der Zweig bis zum Vasenboden reichen. Wählt man beispielsweise den waagerecht einzusetzenden Kubari oder eine Zweiggabel, kann man den Zweig nur bis zu 1/3 der Vasenhöhe in das Gefäß hineinragen lassen. Das ist ausreichend, um ihm genügend Halt zu geben.
Auch die flexible Blumenspirale bietet den großen Vorteil, daß man Blumen oder Zweige durch die Schlaufen der Spirale führt und somit stützt, um sie dann am Stielende mit einem leichten Schrägschnitt der Vasenwandung anzupassen.
Bei allen geneigt angeordneten Kompositionen, bei denen der Hauptzweig bzw. die Hauptlinie 45 Grad erhält, ist es in hohen Vasen nur dann möglich, dem Zweig die vorgeschriebene Neigung zu geben, wenn er entweder entsprechend gewachsen oder zu biegen ist. Sind diese Voraussetzungen nicht gegeben, knickt man den Stiel im unteren Bereich an und läßt ihn im oberen Drittel an der Vasenwand anliegen, um so die gewünschte Linie zu erhalten.

Regeln für das Arrangieren

- Da sich in den hohen Gefäßen sehr leicht Fäulnisbakterien ansiedeln, sind die Vasen vor dem Arrangieren gründlichst zu reinigen.
- Schwere standfeste Vasen sind für die meisten Ikebana-Kompositionen vorzuziehen.
- Es ist empfehlenswert, jede Vase auf der Unterseite mit selbstklebendem Dekofilz zu versehen, damit das Schwitzwasser auf Möbeln keinen Schaden anrichtet.
- Das Einbeziehen oder Gestalten einer Wasserfläche entfällt im Nageire vollkommen.
- Bei allen Vasengestecken sollte man versuchen, die Gefäßhöhe mit in die Komposition einzubeziehen, indem man mindestens an einer Stelle den Vasenrand von einem schwingenden Zweig oder einer Blume umspielen läßt.
- Auf keinen Fall dürfen Blätter in das Wasser hineinragen; durch sie würden sich sofort Fäulnisbakterien bilden.
- Bei allen Vasendekorationen mit frischen Pflanzen ist es empfehlenswert, Frischhaltemittel zu verwenden, damit das Wasser geruchlos und bakterienfrei bleibt. Es braucht außerdem nicht täglich erneuert zu werden; lediglich die verdunstete Menge ist nachzufüllen.
- Die Befestungstechniken, gleich welcher Art, sollten etwa 3 cm unterhalb des Vasenrandes beginnen, damit sie nicht von oben sichtbar sind.
- Befestigungskörper für durchsichtige Vasen sollten in Alufolie eingewickelt oder mit weißem Kreppband umhüllt werden.
- Hohlstielige Blumen wie Calla, Amaryllis oder Clivien sind durch Einführen eines geraden Weidenzweiges zu verstärken, damit sie standfest in die Vase eingestellt werden können und nicht knicken.
- Besonders dünnstieliges Material wie Gräser oder Asparagus wird am unteren Stielende mit Bast oder Silberdraht gebündelt; eventuell wird zur Unterstützung noch ein dünner Weidenzweig oder ein Zahnstocher mit eingewickelt.
- Blumenspiralen sind in allen Blumenfachgeschäften erhältlich. Sie lassen sich in jede Vase problem- und mühelos einsetzen. Das obere Ende wird zu einem Haken geformt und am Vasenrand eingehängt.
- Von entscheidender Wichtigkeit ist die Technik, Blumen und Zweige standfest mit dem Vasenkörper zu verankern.

Nageire-Variationen

Nr. 1 bis 5

Um die Details des Nageire zu beherrschen, bedarf es der systematischen Übung der Grundformen. Der Schwierigkeitsgrad im Nageire ist wesentlich höher als im Moribana. Aus diesem Grunde beginnt man auch zunächst damit, die Grundstile vom Moribana her zu erfassen. Sie entsprechen den Moribana-Formen und werden mit drei Tendenzen gearbeitet: aufrechtstehend, seitlich sich neigend und in herabhängender, fließender Form.

Der aufrechte Grundstil

Er wirkt am elegantesten mit Materialien, die von vornherein eine aufrechte Wuchsform haben. Gedrungene, schwerfällige Zweige scheiden aus. Geeignet sind dagegen Besenginster in Kombination mit Nelken, Kardendisteln mit gelben Rosen, Rittersporn mit Pfingstrosen oder Eukalyptus mit Belladonna usw.
Unabhängig von der gewählten Befestigungsmethode teilt man den Vasenkörper in vier Viertel ein. Die beiden hinteren Sektoren werden vorzugsweise als Einsteckpunkte für alle aufrechten Stile gewählt.
Die Linie Shin weist mit 10 bis 15 Grad von der gedachten Senkrechten gemessen nach links, Soe mit 45 Grad zur linken Schulter und Hikae, meistens aus Blumen gebildet, mit 75 Grad der rechten Schulter entgegen. Bedingt durch den geringen Abstand zwischen Shin und Soe sollten die dafür gewählten Blumen oder Zweige keinesfalls stark verzweigt oder belaubt sein.

▷

Der geneigte Grundstil

Als Befestigungskörper kann hier das hölzerne Vasenkreuz oder die Blumenspirale dienen. Blumen und Zweige werden nach Möglichkeit in der vorderen Hälfte der Vase rechts oder links, dicht beieinanderstehend, eingruppiert. Nachdem der schräg angeschnittene Shin-Zweig mehrfach durch die Blumenspirale zum oberen Drittel der Vasenwandung geführt oder bei Verwendung des Vasenkreuzes mit diesem in der Mitte durch Bast oder Silberdraht nochmals befestigt wurde, ordnet man die übrigen Hauptlinien ein. Die Shin-Linie sollte aus gut formbaren oder natürlich geschwungenem Material bestehen. Sie weist mit 45 Grad nach vorn zur linken Schulter. Soe erhält eine Neigung von 10 bis 15 Grad nach vorn und wird unmittelbar hinter der Shin-Linie eingearbeitet, während die Linie Hikae mit 75 Grad – genau wie im aufrechten Grundstil – nach rechts vorn weist. Diese Linie kann durch ein zusätzliches Blatt oder eine sehr niedrig eingesteckte Blume den Vasenrand unterbrechen und auf solche Weise das Gefäß mit in die Gestaltung einbeziehen.

Variation Nr. 1 des aufrechten Stils – die offene Form

Bei diesem Stil besteht ein ausgewogenes Verhältnis in fast symmetrischer Aufgliederung, zumal der Abstand von Shin zu Soe dem von Hikae zu Shin entspricht. Wie bei den aufrechten Stilarten üblich, hat Shin einen Neigungswinkel von 10 bis 15 Grad und weist, leicht nach vorn tendierend, nach rechts. Soe steht direkt vor Shin mit 45 Grad nach links vorn gerichtet, während Hikae mit 75 Grad nach vorn der rechten Schulter entgegenkommt. Die Auswahl des Materials für die Variation Nr. 1 ist völlig problemlos; hier können verästelte Zweige und Blumen verwandt werden. Natürlich ist für alle aufrechten Stilarten Material zu bevorzugen, das sich ohne Schwierigkeiten in aufstrebender Form anordnen läßt. In der Regel werden in diesem Stil verstärkende Beizweige benötigt.

Variation Nr. 1 im geneigten Stil

Für diese Variation, deren Grundeindruck dem der aufrechten Form entspricht, sollten die Hauptlinien Shin und Soe Pflanzen sein, die sich durch ihre Bewegung entgegenkommen. Die elegante Linienführung der Zweige, besonders oberhalb der Vasenfläche, ist erstrebenswert.

Variation Nr. 2 im aufrechten Stil – Berg- und Talstil

Dieser Stil wirkt äußerst großzügig. Vorzugsweise wird hier das größtmögliche Maß gewählt. Zwischen Shin und Soe sollten keine hohen Blumen oder Zweige stehen, damit das angestrebte Berg- und Tal-Gefüge nicht beeinträchtigt wird. Der große Zwischenraum von Shin und Soe ist als Raum für die Gedanken zu verstehen.

Variation Nr. 2 im geneigten Stil

Unter allen Variationen ist diese die ausladenste. Sie benötigt daher entsprechend viel Raum. Im Gegensatz zum Moribana lassen sich im Nageire nur wenige Materialien in dieser flachen Form gestalten. Deshalb wird die Variation Nr. 2 im geneigten Stil verhältnismäßig selten und nur mit den mittleren oder kleinstmöglichen Maßen angewandt.

Variation Nr. 3 im aufrechten Stil – »Blumen in 3 Wegen«

Hier wird den Blumen die Möglichkeit gegeben, sich fächerförmig in drei Richtungen zu entfalten. Deshalb sollten die Hauptlinien durch Blumen ausgedrückt werden. Will man Zweige dazu arrangieren, wählt man solche mit kleinen, sich unterordnenden Blättern oder aber untermalende Blütenzweige bzw. beerenbesetzte Schmuckzweige, die kürzer oder länger als die dominierenden Blumen sein dürfen. Die Komposition kann so aufgebaut werden, daß sie von allen Seiten her ein abgerundetes Bild ergibt.
Die Linie Shin steht in der Ausgangsposition des Grundstils und weist mit 10 bis 15 Grad nach links, Soe mit 45 Grad nach rechts und Hikae mit 75 Grad nach vorn, leicht aus der Mitte zur Seite hin.

Variation Nr. 4 im aufrechten Stil – »Stil der Demut«

Dieser Stil besteht aus nur zwei Hauptlinien, Shin und Hikae. Der Linie Shin sollte hier besondere Aufmerksamkeit geschenkt werden. Diese allbeherrschende, den Himmel symbolisierende Linie wird aus einem extra schön geformten, kräftigen Zweig, einer Rinde oder Wurzel gebildet. Um die Klarheit von Shin nicht zu verderben, wird Hikae, die Erde, nur durch eine ausdrucksvolle Blume versinnbildlicht. In jedem Falle sollte ein Blatt das Arrangement vervollständigen, z. B. von Philodendron, Rhododendron, Aukube oder Rhabarber. Die Linie Shin weist mit 10 bis 15 Grad nach links, während Hikae mit 75 Grad nach vorn rechts angeordnet wird.

Variation Nr. 3 im geneigten Stil – ebenfalls »Blumen in 3 Wegen«

Vorwiegend werden für diese Variation die Hauptlinien aus Blumen gestaltet, z. B. Rosen in Verbindung mit Schleierkraut oder Blütenzweigen. In der Regel verwendet man nicht das längstmögliche Maß, sondern beschränkt sich auf die beiden anderen Maßeinheiten. Die Vase sollte nicht zu hoch sein.
Shin erhält hier eine Neigung von 45 Grad nach links, Soe weist mit 10 bis 15 Grad nach rechts hinten und Hikae kommt, wie in der aufrechten Form der Variation Nr. 3, mit 75 Grad dem Betrachtenden entgegen. Die geneigte Anordnung der Linie Shin bietet sich für nicht kopflastige Blütenzweige wie z. B. von Spiraea arguta, Weigelie, Tamariske, Watsonia, Ranunkel usw. an.

Variation Nr. 4 im geneigten Stil

Auch in der geneigten Form der Variation Nr. 4 wird die Kunst des Weglassens und Aussparens verdeutlicht. Auf die akzentuierende Linie des Menschen verzichtet man völlig. Entsprechend ausdrucksvoll ist die mit 45 Grad nach rechts weisende Linie Shin zu wählen. Bevorzugt werden bizarre Obstzweige, Drehweide oder Hasel, Erlen- oder Lärchenzweige, Beerenzweige von Sand- oder Feuerdorn. Hikae kann sich mit 75 Grad nach vorn links neigen oder aber im gleichen Winkel nach rechts zur Linie Shin hinfließen. Großblütige Blumen wie Amaryllis, Chrysanthemen, Lilien, Anthurien, Pfingstrosen, Königsproteen oder Sonnenblumen sollten diese Linie prägen.

▷

Variation Nr. 5 aufrecht, im auseinandergezogenen Stil

In Gefäßen mit mehreren Öffnungen, oder in aufgebauten Vasen verschiedener Höhe und Formen läßt sich das Arrangement im auseinandergezogenen Stil gestalten. Das besondere Merkmal dieser Anordnung liegt darin, daß immer eine der drei Hauptlinien einzeln aufgestellt wird; dabei ist es gleichgültig, welche Form man der Komposition zugrunde legt. Angenommen die Linie Shin kommt mit 15 Grad nach links aus der höheren Vase, so wird Soe und Hikae in der niedrigeren Vase – hier dem Grundstil der aufrechten Form entsprechend – angeordnet.
Auch in zwei gleichen, nebeneinander aufgestellten Vasen kann die für das Vasen-Arrangieren verhältnismäßig unbekannte Variation veranschaulicht werden.

Variation Nr. 5 geneigt, im auseinandergezogenen Stil

Diese Variation setzt die gleichen Gefäßformen wie im aufrechten Stil beschrieben voraus, denn nur damit kann dem Charakter und Gedanken dieses Stils entsprochen werden. Der künstlerischen Einfühlungsgabe bleibt es überlassen, welche der drei Hauptlinien zu isolieren ist, damit sich alle Grundstilarten bis einschließlich Variation 4 darstellen lassen.

Offenbarung

Material: Waldrebe *(Clematis)*,
Ruhmeskrone *(Gloriosa)*

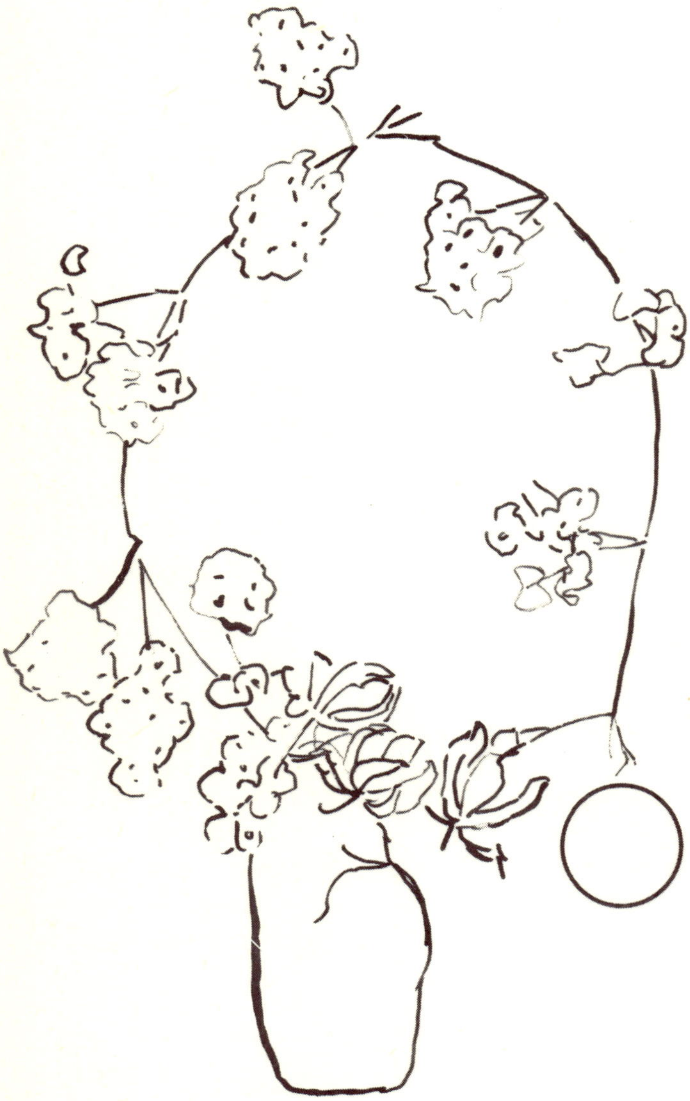

Ein häufiger Heckenschmuck sind die silbrigen Fruchtstände der kletternden Waldrebe, die gleich einem duftigen Wollteppich die Büsche bedecken und oft noch von den benachbarten Bäumen in Büscheln herabhängen. Diese Pflanze muß sich ihren Lebensraum erkämpfen; sie möchte sich einen Platz an der Sonne sichern. Stengel, Blätter und Blüten streben kraftvoll dem Lichte zu. Bei diesen Bemühungen zeigt sich die Pflanze als feinempfindliches Lebewesen, denn sie muß mit ihren zarten Fühlorganen tasten, wo ihr Halt geboten werden kann. Mit kreisenden Bewegungen forscht und sucht sie nach einer geeigneten Stütze.
Diese Naturbeobachtung lag der nebenstehenden Komposition zugrunde. Die rankende Wuchsform ist der fruchttragenden Waldrebe durchaus anzusehen. Im Widerschein des Lichts wirken die silbrigen Fruchtstände wie eine Offenbarung der Natur. Sie bleiben bis in die Wintermonate erhalten.
Für Blumendekorationen ist es ratsam, die frisch geschnittenen Ranken antrocknen zu lassen und sie dann leicht mit Haarspray zu besprühen, damit die filigrane Form erhalten bleibt. Eine aparte Ergänzung dazu sind die schmetterlingsähnlichen Blüten der Gloriosa.
In der gefälligen Keramikform, die einem Stein und der Farbe des Erdreiches angeglichen ist, nimmt sich die Komposition besonders gut aus. Zweig und Blumen sind in der Vase durch einen oben aufgespaltenen, stehenden Kubari (hölzerne Stütze) befestigt worden. Auf zusätzliches Blattgrün wurde bewußt verzichtet.

Da, ein jäher Blitz –
und aus tiefer Finsternis
eines Reihers Schrei!
Urban

Tribut

Material: Fruchtstände der Königskerze *(Verbascum)*, Nadelkissenproteen *(Protea nutans)*

Die hochaufragende Königskerze wirkt durch ihre majestätische Wuchsform eigenwillig und elegant. Die Pflanze wird im Garten kultiviert, man findet sie aber auch an Böschungen und Schutthalden. In den Monaten Oktober bis November sollte man die Fruchtstände der im Sommer gelbblühenden Königskerze abschneiden. Zum Teil haben sich die schmalen ausgeblühten Rispen schon in der Natur interessant verändert. Ist das nicht der Fall, so kann man die langen, aufrecht gewachsenen Fruchtstände über Wasserdampf beliebig formen. Sind sie noch nicht völlig ausgetrocknet, lassen sie sich durch vorsichtiges Biegen und Fixieren mit Bast während des endgültigen Trocknungsprozesses in die gewünschte geschwungene Form bringen. Anschließend wird der Fruchtstand, um das Ausrieseln des Samens zu vermeiden und das Einstauben zu vermindern, mit Haarspray besprüht. Nach eigenem Ermessen kann er naturfarbig belassen bleiben oder mit Autolack weinrot, braun, gold oder silber gefärbt werden.
Die Kombinationsmöglichkeiten sind vielfältig. Als frische Blumen passen dazu Orchideen, Anthurien, Proteen, Gloriosen, Artischocken, Sonnenblumen, Chrysanthemen, Lilien und Rosen. Als trockene Fruchtstände bieten sich an Lauch, Hortensien, Sonnenblumen, Artischocken, Bärenklau, Baumpilze, Schafgarben, Zierpaprika, Hainbuchen, Edelkastanien, Stechapfel, Zierkürbisse, Karden- und Kugeldisteln, Silberdisteln, gemeiner Hopfen, Mohnkapseln, Lampionblumen und Zapfen.
In Vasen oder pokalartigen Gefäßformen gelingt es besonders gut, die gebogenen Rispen der Königskerzen zu arrangieren. Bei Kombinationen mit frischen Blumen müssen die Stiele der Fruchtstände im unteren Bereich mit Kreppband bis etwa 1 cm über die Wasserfläche abgewickelt werden, um deren Erweichen und Abfaulen zu verhindern. Zu den im Naturton belassenen Fruchtständen bevorzugt man braune oder orange getönte Gefäße.

Als Ergänzung eignen sich aparte haltbare Nadelkissenproteen. Bei der Verarbeitung ist darauf zu achten, daß den verholzten Stielen genügend Wasser zugeleitet wird. Sie werden im Gegensatz zu anderen Blumen schräg angeschnitten und außerdem diagonal aufgespalten.
Anschließend stellt man sie, damit sie voll erblühen und lange erfreuen, in warmes Wasser.
Ein kleiner Kiefernzweig, ebenfalls lange haltbar, verbindet das Trockenmaterial mit den frischen Proteen.

An den Stamm gelehnt
seh' ich durch das Baumgezweig
Mond und Sterne gehen.

Shiki

Nageire-Variationen

Nr. 6 bis 8

Variation Nr. 6 im aufrechten Stil

Diese von allen Seiten her ansprechende Blumenkomposition eignet sich in ihrer symmetrisch konzipierten Aufgliederung der drei richtungweisenden Hauptlinien als Blickfang für Empfangshallen oder Wohnräume. Entsprechend formschön und harmonisch muß sie gearbeitet werden. Oftmals wird ein solches Arrangement mit zwei bis drei verschiedenen Blumenarten gestaltet, und zwar immer im mittleren oder kleinstmöglichen Maß.
Die Linie Shin weist hier mit 10 bis 15 Grad nach vorn rechts, Soe mit 45 Grad nach links seitwärts und Hikae mit 75 Grad nach hinten. Als Blumen und Blüten sind Pflanzen zu empfehlen, die sich nach allen Seiten hin entfalten, z. B. Rosen, Iris, Lilien, Dahlien, Chrysanthemen, Astern, Levkojen, Rittersporn, Eremurus, Mohn, gefüllte Anemonen und Freesien.

Variation Nr. 6 im horizontalen Stil

Im Gegensatz zum aufrechten Stil der Variation Nr. 6 wählt man für die geneigte oder horizontale Form stets niedrige Vasen, damit das Arrangement nicht zu hoch wird. So kann es auch als Tafeldekoration dienen, ohne die Sicht zum gegenübersitzenden Gast zu behindern. Die den Rahmen bildenden äußeren Linien Shin, Soe und Hikae werden sehr flach angeordnet. Die längste Linie erhält hier einen Neigungswinkel von 85 Grad nach vorn links, Soe, als höchster Punkt, wird mit 60 bis 70 Grad zur rechten Seite hin geneigt und Hikae schwingt mit 75 Grad über den hinteren Vasenraum.

Variation Nr. 7 aufrecht, im himmelstrebenden Stil

Pokalartige Gefäße oder nicht zu hohe Vasen eignen sich für diese Anordnungen am besten. Die Komposition erscheint außerordentlich schmal und elegant; entsprechend anspruchsvoll ist auch das Gefäß zu wählen. Der Linie Shin legt man ausnahmsweise 2 bis 3 mal Durchmesser plus Höhe des Gefäßes zugrunde. Die Neigungswinkel von Soe und Hikae unterscheiden sich von den bisher kennengelernten (45 und 75 Grad) dadurch, daß sie mit je 15 Grad himmelwärts streben.

Variation Nr. 7 im hängenden Stil

In möglichst hohen, rustikalen Gefäßen läßt sich der hängende Stil günstig anordnen. Die Hauptlinie Shin fließt mit 100 bis 120 Grad Neigung aus dem Gefäß heraus, während Soe die Bewegung elegant auffängt und mit 15 Grad zur Senkrechten hin ausgleicht. Je nach Material kann Hikae mit 45 Grad nach rechts die Kaskadenlinie unterstützen oder sogar mit 75 Grad mitschwingen. Geeignete Pflanzen sind Efeuranken, Clematis, Jelängerjelieber und Weinranken. ▷

Variation Nr. 8 in der aufrechten Form

Diese Variation setzt sich aus zwei Gefäßen – Schale und Vase, die durchaus verschiedene Farben haben dürfen oder formmäßig voneinander abweichen können – zusammen. In jedem Gefäß wird ein vollständiger Grundstil gestaltet. Die Kombination der Stilarten bleibt dem Arrangierenden überlassen. Das fertiggestellte Gesteck sollte zu einer Einheit zusammenschmelzen. Die Verwendung von Unterlagen – Bastmatten oder Dais – ist hierbei ratsam.

Variation Nr. 8 in der geneigten Form

Im Gegensatz zu der in der aufrechten Form gestalteten Variation Nr. 8 werden hier in beiden Gefäßen – Schale wie Vase – geneigte Stile gearbeitet. In jedem Gefäß kann die geneigte Form nach Ermessen des Arrangierenden kombiniert werden, wobei die beiden Gefäße so aneinanderzufügen sind, daß die Linien beider Anordnungen harmonisch ineinanderfließen.
Ein herkömmlicher Igel kann im Nageire nur dann Verwendung finden, wenn die Vase mit Sand oder Kieselsteinen bis 5 cm unterhalb des Vasenrandes angefüllt und diese Füllung mit einem Stück Alufolie abgedeckt wird, um das Austreten von Schmutzteilchen zu verhindern. Auf die Folie legt man dann den Igel.
In jüngster Zeit werden die Bedürfnisse und Anforderungen an Ikebana-Formen auch von namhaften Keramikern berücksichtigt. So kam eine Künstlerin auf die Idee, 10 cm unterhalb des Vasenrandes einen Tonring mit einzuarbeiten, der dem einzusetzenden Igel eine feste Auflage bietet. Bei dieser Methode kann der ganze Vasenkörper mit Wasser angefüllt werden. Sehr praktisch wirken sich auch in Ton- oder Keramikgefäßen befindliche Rillen aus, weil man so jede hölzerne Stütze, ohne daß sie abgleitet, fest einarbeiten kann.

Die Befestigung im Nageire

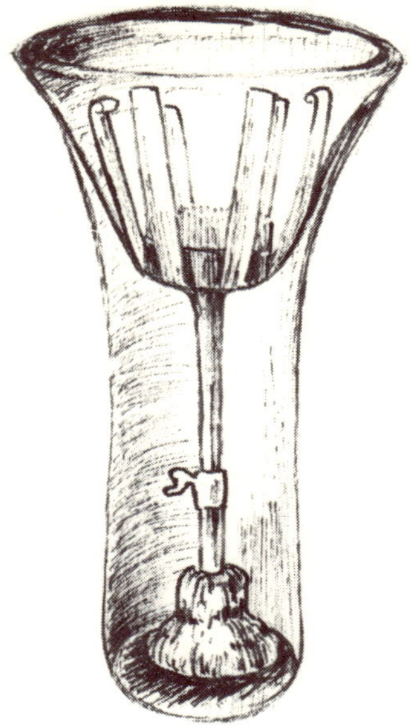

Um die Kunst des Arrangierens in der Vase richtig auszuführen, bedarf es nicht nur einer systematischen Beherrschung der Grundformen und Stile; von entscheidender Wichtigkeit hierbei ist auch die Technik, Blumen und Zweige standfest in gewünschter Stellung in die Vase einzubringen. Zahlreiche Befestigungsmöglichkeiten bieten sich dafür an.

Der teleskopartig ausfahrbare Igel

Dieser Igel ist für alle Vasenformen geeignet, deren Öffnung mindestens 15 cm Durchmesser beträgt. Er besteht aus einem Messingstab mit vier Gewinden und mündet in einem Gummisaugfuß, der sich durch leichtes Andrücken am Vasenboden festsaugt. Der Messingstab ist teleskopartig ausfahrbar und daher auf jede Vasenhöhe abzustimmen.
Auf dem oberen Ende des Schaftes ist der Kenzan befestigt, an dessen Unterseite sich ein Gewinde befindet. Die ihn umgebenden Messinglamellen sind sehr flexibel. Sie lassen sich bis auf den Durchmesser des Igels zusammendrücken, springen auseinander, sobald man sie losläßt und reichen in normalbreiten Vasen bis an die Wandung. Zwei im oberen Bereich leicht eingerollte, sich gegenüberstehende Lamellen dienen dazu, den Vasenkenzan mühelos wieder aus der Vase herauszuziehen.

Die Blumenspirale

In allen Vasenformen außer den enghalsigen ist die universell einsetzbare Blumenspirale anwendbar. Es handelt sich hierbei um einen ca. 1 m langen, 3 oder 6 mm starken Draht, der aus einer weichen Legierung besteht und mit weißem oder grünem Kunststoff ummantelt ist. Dieser Blumendraht wird an einem Ende zu einem Haken gebogen und am Vasenrand eingehängt. Der andere Teil des Drahtes wird zu einer Spirale geformt, d. h. man hält den entstandenen Haken mit einer Hand fest und biegt den flexiblen Draht in schleifenförmigen Windungen so, daß in dem vorbestimmten Vasenviertel, in dem sich die Hauptlinien treffen sollen, der Schwerpunkt der Anordnung zu liegen kommt. Mindestens eine dieser wie ein Netz waagerecht übereinanderliegenden Schleifen muß von einer Vasenwand zur anderen reichen, denn nur so entsteht der erforderliche Halt, der beim Einstecken der Zweige nötig ist, um ein Abrutschen der Spirale zu verhindern. Die Windungen der Blumenspirale müssen mindestens 3 cm unterhalb des Vasenrandes liegen, damit sie von oben her nicht sichtbar sind. Es ist sinnvoll, das andere Spiralenende vorläufig noch 5–8 cm aus der Vase herausragen zu lassen; dadurch ist die Möglichkeit gegeben, dem zur Verwendung kommenden Material durch eine zusätzlich speziell angepaßte Schleife einen sicheren Stand zu gewähren.
Beim Arrangieren mit schweren oder weit ausladenden Zweigen in Verbindung mit dünnen und feinstieligen Blumen und Gräsern ist es zweckmäßig, erst eine stabile, dicke Spirale in die Vase einzuführen und darauf eine zweite dünnere zu legen. Letztere bietet durch ihre große Flexibilität und enger zu ziehende Vernetzung auch dünnstieligeren Pflanzen ausreichend Halt. Für breite Vasen sind mehrere Spiralen miteinander zu verhaken, die den Durchmesser des Gefäßes in genügendem Maße ausfüllen. Die Befestigungsart mit der Spirale hat den zusätzlichen Vorteil, daß das Arrangement sehr fest steht und sich auch gut transportieren läßt.

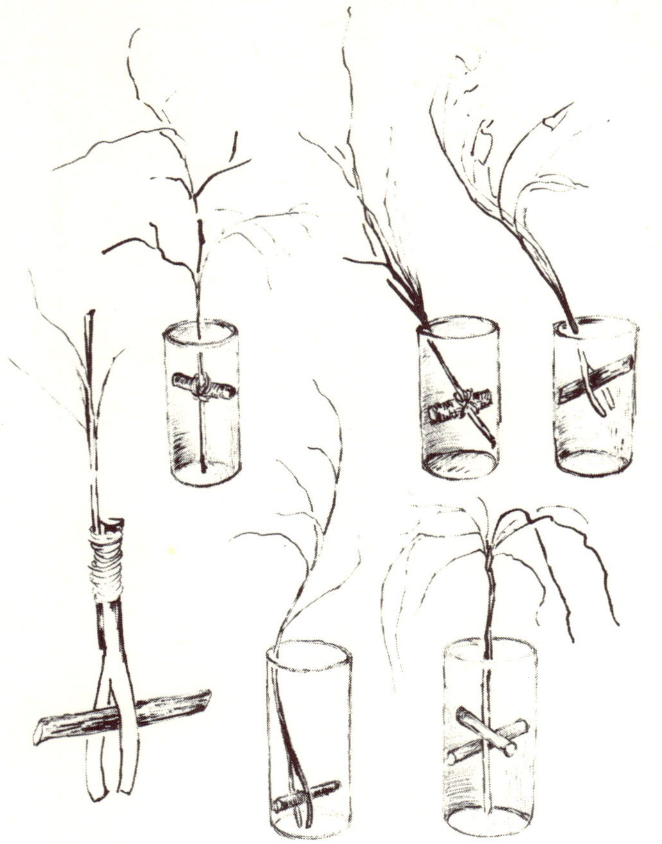

Kubari – hölzerne Stützen

Natürliche Befestigungsmöglichkeiten für Vasenarrangements bieten hölzerne Stützen, japanisch Kubari genannt. Sie finden Verwendung als einfache waagerechte Stütze, waagerechtes Vasenkreuz, waagerecht eingeklemmte Zweiggabel, waagerecht eingeklemmte Zweiggabel mit darüberliegendem Spannholz oder aufrecht stehende Zweiggabel.
Kubari fertigt man sich auf Vorrat an, muß sie dann allerdings vor Verwendung – entsprechend der Härte des Holzes – für mindestens eine Stunde in warmes Wasser einweichen und quellen lassen. Hibiskus, Taxus, Ilex, Liguster und Flieder sind elastisch und lassen sich für Kubari besonders gut verarbeiten.

Die einfache waagerechte Stütze

Diese Stütze kann bei enghalsigen Vasen oder auch in Kombination mit der aufrecht stehenden Zweiggabel von Nutzen sein. Sie wird dem Vasendurchmesser angepaßt, an beiden Enden schräg zugeschnitten und sollte 2–3 cm unterhalb des Vasenrandes liegen. Beim Einsetzen zieht man diese Stütze zwecks Druckausgleichs leicht geneigt von unten nach oben. Je nachdem, ob ein aufrechter, ein geneigter oder ein hängender Stil zu gestalten ist, werden Blumen und Zweige vor bzw. hinter der Stütze eingeführt und mit Bast oder einem kleinen Gummi fest mit dieser verbunden. Der zu befestigende Zweig kann auch gegabelt auf die in diesem Falle in der Mitte abgeflachte, waagerechte Stütze aufgesteckt werden. Bei allen aufrechten Formen wird der (ungegabelte) Zweig so bis zum Vasenboden geführt. Geneigten oder hängenden Formen bietet die Vasenwand eine zusätzliche Anlehnungsmöglichkeit.
In jüngster Zeit finden auch Perlon und Hanfschnur für diese Befestigungstechnik Verwendung. Den einzustellenden Zweig und das waagerecht liegende Stützholz verbindet man fest mit der Schnur, zieht, sobald alles richtig steht, nochmals eine Schlinge und läßt beide Schnurenden aus dem Vasenrand herausragen, um die weiteren Zweige und Blumen ebenfalls damit zu befestigen.

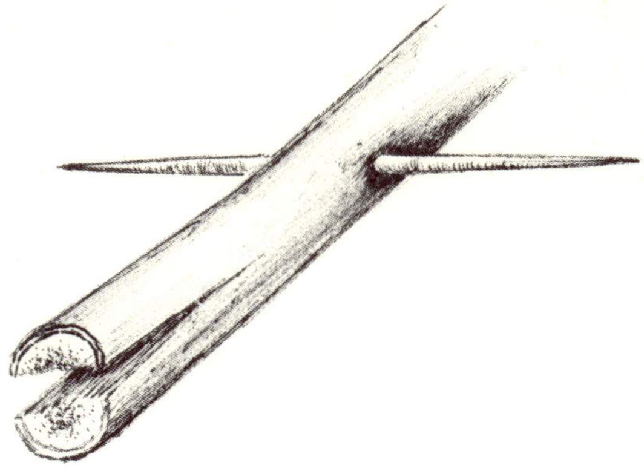

Das waagerechte Vasenkreuz

Dieses hölzerne Kreuz wird aus zwei geraden Zweigen oder einfachen japanischen Eßstäbchen hergestellt. Übereinanderliegend im Abstand von 1/2 cm, also ohne sich zu berühren, werden zwei Zweige oder Eßstäbchen waagerecht dem Vasendurchmesser entsprechend von unten nach oben hochgezogen und befestigt.

Bei dem festverbundenen Vasenkreuz wird nach dem Aufspalten inmitten der einen Hälfte auf der gewölbten Seite eine flach verlaufende Kerbe eingeschnitten und die Schnittfläche der anderen Hälfte überkreuzt darübergelegt, so daß das Vasenkreuz an dieser Stelle nur noch fixiert zu werden braucht. Dies geschieht durch Natur- oder Kunststoffbast. Damit diese Halterung stabil und fest verbunden bleibt, wendet man eine besondere Wickeltechnik an. Man legt die Zweighälften zunächst überkreuzt so vor sich, daß die Wölbungen beider Hälften nach oben zeigen. Der Bastfaden wird nun in Form einer 8 um das Kreuz geschlungen. Die Verbindung auf der gewölbten Seite der Zweighälfte muß zwei parallele, quer zum Stab verlaufende Bastwicklungen, und auf der Schnittseite der Hölzer eine gekreuzte Bastwicklung aufweisen. Die Fadenenden werden geknotet oder mit der Spitze eines Messers in die Wicklung eingeschoben. Die dem Vasendurchmesser angepaßten Zweighälften werden im oberen Teil der Vase, mindestens aber 3 cm unterhalb des Vasenrandes fest eingesetzt.

Für quadratische und rechteckige Vasen werden die Enden des Vasenkreuzes erst spitzwinklig angeschnitten, dann wird diese Stütze diagonal in das Gefäß eingeklemmt. Diese Art der Halterung wird auch in zylinderförmigen und kubischen Vasen angewandt.

Das Vasenkreuz teilt den Gefäßdurchmesser in 4 gleiche Sektoren; die beiden hinteren Felder bleiben den aufrechten Stilarten und eventuell sehr stark geneigten Zweigen vorbehalten. Die beiden vorderen Sektoren dienen den hängenden und den geneigten Stilarten.

Diese Befestigungsmethode ist für schwere Blumen und Zweige, z. B. Kastanien, Kiefern oder Proteen nicht geeignet.

Größte Vorsicht muß man bei dünnwandigen empfindlichen Porzellanvasen walten lassen, denn durch die entstehende Spannung kann die Vase leicht platzen.

Die waagerecht eingeklemmte Zweiggabel

Diese Stütze kann eine natürlich gewachsene Zweiggabel oder auch ein gegabeltes Stück Bambus bzw. ein Zweigstück der Weide, der Pappel oder des Cornus in der Stärke des kleinen Fingers sein. Ganz gleich, welche Holzart gewählt wird, sie muß immer dem Vasendurchmesser angepaßt werden. Eine solche Halterung wird nun bis zur Hälfte oder darüber hinaus – je nach Stärke und Menge des zur Verwendung kommenden Materials – aufgespalten, gespreizt und mit Silberdraht oder Kunststoffbast so fest umbunden, daß eine stabile Zweiggabel entsteht. Das gespaltene Ende wird mit Bast umwickelt und der Fadenrest mehrfach durch den Spalt geführt, um ein Verrutschen des Bastes oder Aufplatzen des gegabelten Zweiges zu verhindern. Benötigt man für stärkere Zweige einen größeren Spielraum, so drückt man die Zweiggabel mit einem zusätzlichen Holzkeil entsprechend weit auseinander. Sie sollte leicht geöffnet in die Vase eingesetzt werden. Blumen und Zweige sind durch den Spalt bis zum Vasenboden oder aber schräg bis zur Vasenwandung zu führen.

Diese Befestigungsart ist empfehlenswert für zylinderförmige, drei- oder mehrkantige Vasen. Zweige und Blumen sollten für diese Halterung nicht zu schwer sein. Mühelos lassen sich damit Forsythien, Anemonen, Iris, Tulpen oder Levkojen befestigen.
Schwere Blumen und Zweige wie Proteen, Chrysanthemen und Kiefern benötigen eine Zweiggabel, die mit einem auf einem Sandbett stehenden Kenzan kombiniert ist und sicheren Halt bietet.

Die waagerecht eingeklemmte Zweiggabel mit Spannholz

Diese kombinierte Befestigungsart war vor der Erfindung des Kenzans die gebräuchlichste Methode, Blumen und Zweige in der gewünschten Richtung zu halten. Im klassischen Stil wird heute noch neben dem Kenzan die Zweiggabel verwendet. Empfehlenswert ist sie für alle Gefäße mit gerade verlaufender Vasenwand, deren Durchmesser 20 cm nicht überschreiten sollte. Je nach der Länge können die zu befestigenden Zweige auf den Vasenboden reichen oder durch entsprechenden Schrägschnitt an der Vasenwandung haften.

Für Halterungen dieser Art sollten die Vasen schwer und robust sein. Fast alle Blumen und Zweige können dann standfest eingebracht und mit einem darüber geklemmten elastischen Zweig zusätzlich gesichert werden. Für das Spannholz benützt man einen jungen Austrieb, der sich gut biegen läßt. Bogenförmig wird es waagerecht über die Zweiggabel gespannt.
Das Einführen aller waagerechten Befestigungskörper muß mit Fingerspitzengefühl und äußerster Vorsicht geschehen, denn oft variiert auch der Durchmesser bei zylindrischen oder kubischen Vasen.

Erntedank

Material: Weinranken und Weintrauben *(Vitis),*
Kaktusdahlien *(Dahlia)*

Erntedank – Freude und Dank für eine gute Ernte sollen in einem solchen Arrangement zum Ausdruck kommen.

Sehr beliebt sind dauerhafte Gestecke, die auf einem großen flachen Korbteller stehen können. Dazu benötigt man Ähren oder Wiesengräser, Rohrkolben, Lampionblumen, Maiskolben, Zierkürbisse und kleine Steine.

Die grazilen Gräser werden mit Bast zu einem Bündel zusammengefaßt, das als höchster Punkt auf Ton, Knety oder einem Igel eingesteckt wird. Davor stehen etwas kürzer die dunklen Rohrkolben, die zuvor sorgfältig von allen Seiten mit Haarspray besprüht wurden, damit sie sich in den warmen Zimmern nicht öffnen. Umspielt werden sie von lustigen Lampionblumen. Von den Maiskolben sind alle äußeren fleckigen Blätter entfernt, die inneren hellen Schutzblätter seerosenartig aufgeblättert worden, so daß der Maiskolben seine Schönheit voll präsentieren kann. Als Abrundung legt man Zierkürbisse, Paprika und Nüsse auf den Korbteller. Aber auch fruchttragende Zweige wie Apfelzweige, Schlehenzweige oder Hagebutten bieten sich für ein Erntedankgesteck an.

Besonders schön gefärbt sind in dieser Jahreszeit die wildwachsenden Weinranken. Bogenförmig wird eine solche Ranke zusammengefaßt und an ihren Enden mit Silberdraht so umwickelt, daß sie einen ca. 5 cm langen Stiel ergeben, der auf einem Igel befestigt im Wasser stehen kann.

Die Korbvase wurde, damit sie die erforderliche Standfestigkeit bekommt, dreiviertel hoch mit Kieselsteinen angefüllt. Die Steine sind mit einem Stück Alufolie abgedeckt worden, das zum Abgrenzen der Schmutzteile dient, die beim Einfüllen des Wassers aufgewirbelt werden. Auf der Folie liegt der Igel.

Da die Weinranke relativ schwer ist, sollte sie als erste eingesteckt werden. Empfehlenswert ist das Einsprühen der Ranke mit Haarspray, damit sie ihre schöne Herbstfärbung in der trockenen Zimmerluft behält. Will man sich an dem gefärbten Weinlaub möglichst lange erfreuen, gibt man einen Teelöffel Glyzerin ins Wasser. Wenn der untere Teil des Stieles zu schwach ist, wird er durch Anwickeln eines hölzernen Ästchens verstärkt. Die natürliche Form der Weinranke kommt nur dann zum Ausdruck, wenn sie möglichst lange in fließender Bewegung herabhängt.

Bei diesem Arrangement wird die der Naturbeobachtung entsprechende These des Ikebana deutlich: Die Spitzen der äußersten Triebe sind zart und kleinblättrig, die am Stamme oberhalb der Wurzel herauskommenden Blätter kräftig und sehr groß entwickelt. Die Herbstfärbung setzt sich ebenfalls vom Stamme aus in leuchtend roten Farben fort bis hin zu den auslaufenden Ranken. Eine etwas großblättrige zweite Ranke ist bogenförmig am Anfang und Ende mit Silberdraht zusammengefaßt worden, wie bei der ersten Ranke beschrieben. Sie umspielt in horizontaler Richtung die Vase, aus deren Mitte sich strahlend wie kleine Sonnen die Kaktusdahlien erheben.

Diese Dahlie ist außerordentlich dankbar. Ihr Farbenreichtum ist vielfältig; zum Teil ist der Blütengrund heller als die äußeren Blütenblattspitzen.

Die Frische der Dahlien läßt sich wie bei Chrysantheme auf der Rückseite der Blütenblätter erkennen. Sind diese schon braun, so wird die Blume nicht mehr allzulange halten. Zwar ist bei den meisten Sorten der Dahlien die Gefahr des Abrieselns der Blütenblätter wie bei der Chrysantheme nicht gegeben; trotzdem sollte man braune Blättchen keinesfalls auszupfen, sondern mit der Ikebana-Schere vorsichtig nachschneiden. Die hohlen Stiele mancher Dahlienarten kann man durch Einschieben eines Zahnstochers oder Streichholzes verstärken.

Die kurzstieligen dunkelblauen Weintrauben wurden durch Anwickeln eines hölzernen Stieles verlängert. Sie hängen üppig aus der Vase heraus. Eine weitere Traube liegt auf dem runden Korbteller. Diese Unterlage ist gestalterisch mit in das Arrangement einbezogen und zum Bestandteil der Komposition geworden.

Irisgarten

Material: Schwertlilien *(Iris),*
Funkienblätter *(Hosta),* Kieselsteine

Je nachdem, von welchem Entfernungsbereich man eine Landschaft sieht, ergibt sich die Möglichkeit, einen Landschaftsausschnitt im Nah- oder Weitblick darzustellen.
Der Weitblick wird im Japanischen mit »Enkei« bezeichnet. Die dabei verwendeten Zweige symbolisieren ganze Wälder, die Steine dagegen Gebirgszüge. Blumen und Gräser werden verhältnismäßig kurz und so angeordnet, daß Einzelheiten nicht klar zu erkennen sind. Der Weite der Komposition kann durch eine versetzte Aufstellung der Kenzane z. B. auf den Positionen 2, 4 und 6 sowie durch die ungestalteten freien Flächen zusätzlich Ausdruck verliehen werden.
Die beliebteren Kreationen sind die Szenerien im Nahblick, japanisch »Kinkei« genannt. Man denkt hierbei an Landschaftsbereiche, die greifbar nahe sind, so daß die verarbeiteten Blumen und Zweige auch in richtiger Relation zueinander stehen. Das einzelne Material sollte hier gut zu erkennen sein.
Man kann auch eine Landschaft aus dem mittleren Erkennungsbereich wählen, auf japanisch »Shukei«, wie dies in der Darstellung des Iris-Arrangements verdeutlicht ist. Der wahrgenommene Ausschnitt rückt näher heran. Man wählt dafür größere Pflanzen und Blumen, z. B. Osterglocken, Tulpen, Gladiolen, Iris. Im vorderen Bereich sind diese Pflanzen kurzstielig gehalten, die einzelnen Blumen wirken entsprechend groß. Je weiter das Auge blickt, desto undeutlicher und kleiner werden die Einzelheiten, wobei die Blätter und Irisblüten immer höher zu wachsen scheinen. Sehr naturnah ist diese Irisdarstellung in der Holzschale, deren Rahmen aus sechs sandgestrahlten, abgeflammten, auffällig schön gemaserten Sandelholzbrettern besteht. Die der rechteckigen Form angepaßte Kupferwanne harmoniert mit fast allen Pflanzen und Blumen. In der Regel halten die Pflanzen in Kupfer länger. Der zunächst etwas störende Glanz des Metalls verliert sich im Gebrauch schnell und weicht einer angenehmen Patina.
Bei näherem Betrachten erkennt man, daß neben der verhältnismäßig schmalen Anordnung der Iris die Plazierung der Blätter sorgfältig geplant war. Zum Teil wurden die silbrig glänzenden Blattinnenseiten durch leichtes Drehen nach außen gebogen und die vergilbten Blattspitzen mit der Ikebana-Schere der Blattform gemäß nachgeschnitten. Bergenienblätter, und teils auch der hölzerne Rahmen des Gefäßes verdecken den vorderen Kenzan. Die beiden weiteren Igel sind jeweils durch kleine Kieselsteine abgedeckt worden.
Ein Hinweis zur besonderen Verarbeitung der Schwertlilienblätter *(Iris germanica)* und der japanischen Iris *(Iris kaempferi):* Aus einem Bündel von Blättern sucht man die rechten und linken bzw. Sonnen- und Schattenseiten heraus, leicht erkennbar an der Blattspitze und der festeren Blattrippe der Rückseite. Die Blätter werden dann paarweise zusammengelegt. Um sie für das nun folgende Biegen geschmeidig zu machen, reibt man sie flach auf dem Tisch liegend mehrmals beidseitig mit einem angefeuchteten Schwamm ab. Dadurch entfernt man die kleinen Härchen an den Blättern, sowie den auf der Blattoberseite haftenden öligen Film. Bevor man die Blätter biegt, werden sie nochmals mit dem Wassersprüher angefeuchtet und die etwas festeren mittleren Rippen geglättet. Jetzt beginnt man, die Blätter vorsichtig mit Daumen und Zeigefinger auszustreichen und sie dann immer nachhaltiger zu formen. Das intensivere Formen geschieht stets von der festeren Rückseite des Blattes aus.

Die Herrlichkeit der Blütendolden vergeht
nur allzu schnell.
Den Binsenwurzeln aber, die unbeachtet
den flachen Hügel überkriechen,
ist Dauer beschieden.

Otomo No Yakamochi

Keshiki-Landschaftsarrangements

Eine besondere Form im Ikebana sind Arrangements, die bestimmte Landschaftsausschnitte darstellen. Zusammenstellungen dieser Art sollen realistisch und natürlich wirken, da sie ein nachempfundenes, erlebtes Ikebana versinnbildlichen. Neben den naturgetreuen Motiven sind unter dem gleichen Thema auch freigestaltete, phantasievolle Gestecke zu finden. Überwiegend werden die Anordnungen den typischen Landschaftsbereichen nachgebildet wie Garten, Wald, Wiese, Feld, Heide, Teich, Meer, Gebirge und Tropen.
Die großflächigen Arrangements sind oft Ausdruck einer bestimmten Jahreszeit. Sie werden stets in großen Schalen gearbeitet und gehören zur Stilart der Moribana-Form. Dieser japanische Begriff bedeutet »Wald- oder Landschaftsausschnitt, gehalten durch die Nadeln des Igels, arrangiert in flacher Schale«.
Landschaftsanordnungen weichen von den Grundstilen der Moribana-Gestecke in mehrfacher Hinsicht ab.

- Die Schalen sind flach und groß
- Die Höhe der landschaftlichen Darstellungen beträgt vorwiegend einmal höchstens $1^1/_2$ mal Durchmesser plus Höhe des verwendeten Gefäßes.
- Blumen spielen bei den meisten Landschaftsanordnungen eine untergeordnete Rolle; oft werden nur wenige benötigt. Jedoch verwendet man eine Vielzahl von charakteristischen Zweigen und sonstigen Attributen des darzustellenden Landschaftsmilieus.

In dem zu kreierenden Arrangement gilt es die Landschaftsstimmung einzufangen. Hierbei wird der Phantasie des Gestalters viel Raum für individuelle Vorstellungen und Interpretationen gelassen. Beobachtungsgabe und Einfühlungsvermögen sind unbedingte Voraussetzungen für eine naturnahe Wiedergabe.
Basho, der große japanische Dichter von Kurzgedichten (Heiku) sagt: »Nimm die Natur in dir auf!«. Er meint, der Mensch solle mit offenen Augen durch die Natur gehen, die Schönheit der einzelnen Pflanzen bis hin zum kleinsten Zweig zu erkennen suchen und die herrliche Landschaft in sich aufnehmen. Aus diesem unerschöpflichen Quell wird es ihm dann gelingen, eine lebendige, sprechende Ikebana-Landschaft darzustellen – eine kleine Welt der Harmonie.

Die Tropen

Die tropische Pflanzenwelt muß nicht unbedingt realistisch gestaltet werden. Der besondere Effekt entsteht durch eigene Phantasie. Auch die Gegenüberstellung von Sonnen- und Schattenseiten (Tag und Nacht) kann in die Komposition einbezogen werden. Meistens wird Quarz- oder Vogelsand die tropische Landschaft verdeutlichen.
Gefäße: Große, rustikale Schalen, große Muscheln, mehrere Birnen- oder Flaschenkürbisse, Korallen, mehrere aufgeschnittene aufgeklebte Kokosnußschalen, große Palmschoten, Korkeiche, eine große Olivenbaumscheibe.
Blumen: Hahnenkamm, Spinnenpflanze, Mannstreu aus der vielgestaltigen Gattung Eryngium, Orchidee, Protea, Artischocke, Strelitzie, Anthurie, Ananas, Heliconia, Känguruhpfote.
Gräser und Zweige: Pampasgras, Palma Christi (Ricinus), Palmlilie, Pfeffer, Pinie, Rispen vom Fuchsschwanz, Koralle, Sanddorn, Rhododendron, Mahonie, Kirschlorbeer, Aukube, Eukalyptus, Korkenzieherhasel, Bänderweide, Mäusedorn (Ruscus).
Beiwerk: Lotos-Fruchtstände, Muscheln, Korallen aller Arten, Pfauenfedern, Croton- und Gummibaumblätter, Philodendron, Schusterpalme (Aspidistra), Sansevierien, Neuseelandflachs, Sand.
Alle aufgeführten Blumen sind in den tropischen Ländern beheimatet und zählen zu den haltbarsten Schnittblumen. Werden ergänzende Zweige und Blätter verwendet, sind diese so zu wählen, daß sie ebenfalls ausgefallen und dauerhaft sind, um ein Auswechseln des schmückenden Beiwerkes zu vermeiden. ▷

Der Waldausschnitt

Mit dem Thema Wald verbindet man sofort Vorstellungen von Tanne, Kiefer, Zapfen, Moos, Farnen, Pilzen, Wurzeln und anderem mehr.
Bei den natürlichen Waldgesellschaften unterscheidet man zwischen Laub- und Nadelwäldern.
Zu den Laubgehölzen gehören Ahorn, Birke, Buche, Eberesche, Eiche, Erle, Esche, Hainbuche und Wintereiche.
Zu den Nadelbäumen zählen Eibe, Fichte, Kiefer, Lärche, Tanne und Wacholder.
Gefäße: Große flache, absolut ebene, rustikale Schalen oval, rund oder rechteckig, ausgehöhlte Baumstämme, Holzplatten, große Baumscheiben, gepreßte Platten aus Korkeiche.
(Glas- oder Porzellanschalen kommen nicht in Frage, ebensowenig hellgrundige Gefäße).
Blumen: Türkenbund, Maiglöckchen, Veilchen, gemeine Akelei, Bärlauch, Schneeglöckchen, Blaustern, gemeines Lungenkraut, Immergrün, nesselblättrige Glockenblume, Salomonssiegel, Waldmeister, Goldnessel, Feigwurz, Aronstab, Heckenkirsche, Geißfuß, Schlüsselblume, rote Lichtnelke, Nachtkerze, gemeiner Baldrian, Gilbweiderich, Wald-Witwenblume, Glockenblume, blauer Eisenhut, große Sterndolde, Geißbart, Storchenschnabel, grauer Ehrenpreis, Sauerklee, Heidekraut, Prachtnelke, gewöhnliche Goldrute, Waldweidenröschen, Fingerhut, gemeine Küchenschelle, Kreuz- und Labkraut, Tollkirsche, Zwerg-Holunder.
Zweige: Besenginster, Efeu, Brombeere, Föhre, Geißblatt (wild), Hartriegel, Heckenkirsche, Holunder (schwarz), Heidelbeeren, Pfaffenhütchen, gemeiner Schneeball, Seidelbast und Weißdorn.
Beiwerk: Moos, Flechten, Wurzelknorren, Baumrinde, Pilze.

Der Garten

Eine Erweiterung des Ikebana-Gedankens findet sich verwirklicht im nachgeahmten Gartenausschnitt, dem Miniaturgarten. Wesentliche Gestaltungsmittel sind alle Gartenblumen und Pflanzen sowie Steine, insbesondere naturbelassene und nicht künstlich bearbeitete. Die eigenartigen Formen der Steine haben zu allen Zeiten die Phantasie der Menschen angeregt. Für den japanischen Garten wird jeder einzelne Stein auf seine Ausdrucksfähigkeit hin ausgesucht.
Gefäße: Runde Formen aus Kupfer oder Steingut, Zinnteller, auch längliche Schalenformen.
Blumen: Narzissen, Tulpen, Stiefmütterchen, Schneeglöckchen, Rosen, Sonnenhut, Sonnenauge, Dahlien, Gartenchrysantheme, Wucherblume, Skabiose, Rittersporn, Eisenhut, Löwenmäulchen, Aster, Zinnie, Levkoje, Sonnenblume, Vergißmeinnicht, Primel, Maiglöckchen, Veilchen, Flieder, Phlox, Glyzine, Weinranke, Efeu, Reseda, Glockenblume, Gladiole, Wicke, Lilie, Bartnelke, Pfingstrose, Tränendes Herz, Mohn, Lupine, Christrose, Schmuckkörbchen, Prachtscharte, Lobelie, Goldmohn, Taglilie.
Zweige: Blühende Zweige von Kirsche, Apfel, Pfirsich, Mandelbäumchen, Forsythie, Tamariske, japanische Quitte, Magnolie, Schmetterlingsstrauch, Kirschlorbeer, Flieder, Perückenstrauch, Spierstrauch, Zaubernuß. Außerdem eignen sich Zweige von Birke, Mahonie, Rhododendron, Zwergmispel, Berberitze, Ginster, Weidenkätzchen, Fingerkraut, Hängeweide.
Beiwerk: Blätter, Steine.

Die bunte Wiese

Die sommerlichen Wiesen bieten eine Vielzahl von Blumen und Gräsern. Entsprechend farbenfroh und lustig kann der Wiesenausschnitt wiedergegeben werden. Die erforderlichen Grasbüschel faßt man etwa 1 cm über den Stielenden mit Silberdraht zusammen und steckt sie anschließend auf den Igel.

Gefäße: Große ovale oder runde Schalen oder eine große Baumscheibe, auf der mehrere Schälchen zur Wasseraufnahme stehen.

Blumen: Löwenzahn, gemeine Wucherblume, Wiesenflockenblume, Ackerwitwenblume, Taubenskabiose, Augentrost, Labkraut, großer Klappertopf, Wiesensalbei, Feldthymian, Gänseblümchen, Margerite, Glokkenblume, wildes Stiefmütterchen, Vergißmeinnicht, Klee, Butterblume, Mohn, Lupine, Kornblume, Wiesenbocksbart, Schafgarbe, Scharbockskraut, Hahnenfuß, Zaunwicke, Wiesenschaumkraut, Storchschnabel, Kerbel, wilde Möhre, Knöterich, Kuckuckslichtnelke, Schlüsselblume, Tausendgüldenkraut, Taubenkropf, Wiesenknopf, Wiesenknöterich, Wiesenkümmel, Bärenklau, Sauerampfer, Spitzwegerich.

Gräser: Wiesenhafer, Raygras, Wiesenfuchsschwanz, Knäuelgras, hoher Schwingel, Wiesenrispengras, Zittergras, wolliges Honiggras, Goldhafer, weißes Straußgras.

Beiwerk: Steine, Grasbüschel.

Die herbstliche Landschaft

In den Monaten September und Oktober färben sich alle Laubgehölze noch einmal feurig aufleuchtend, bevor sie ihr Laubkleid verlieren. Auffallend sind in dieser Zeit auch die intensiven Blütenfarben der herbstlichen Flora vom Gelb bis zum tiefen Braunrot und der zauberhafte Beerenschmuck vieler Sträucher. Das alles sind typische Merkmale, die mit dem Gedanken an eine herbstliche Landschaft verbunden werden und den Ausklang des Blütenjahres versinnbildlichen.

Gefäße: Große, ovale, rechteckige oder runde Schalen, ein großer flacher Korb, Holztablett, Baumscheibe.

Blumen: Sonnenblume, Herbstaster, Dahlie, Zinnie, Gladiole, Sonnenhut, Kokarden- und Lampionblume, Schafgarbe, Silberling, Rohr- und Maiskolben, Chrysantheme, Statize, Goldraute, Strohblume, Tagetes, Ringelblume, Erika, roter Lein, Mannstreu, traubige Aralie, Artischocke.

Zweige: Akazie, Hagebutte, Essigbaum, Felsenbirne, Eberesche, Schlehe, Schneebeere, Pfaffenhütchen, Liguster, Apfelbaum, wilder Wein, Schönfrucht, Zwergmispel, Spargelkraut mit Beeren, Zierapfel, japanische Scheinquitte, wilder Hopfen, Zweige mit Fruchtbehang und herbstlich buntes Laub von Buche, Eiche, Ahorn und Schmetterlingsstrauch.

Beiwerk: Ähren, Rispengräser, Mohnkapseln, Zierkürbis, Nachtkerze, Fingerhut- und Sonnenblumen-Fruchtstände, Sauerampfer, Hirtentäschel, Tausendgüldenkraut, Lampenputzer- und Pampasgras, Schilf, Bärenkraut, Wiesenkümmel, Herkuleskraut, Waldrebe, Fuchsschwanz, eventuell kleinere und größere Steine, Wurzeln, Rebstöcke, Birkenrinde.

Die Gebirgslandschaft

Interessant geformte große und kleine Steine in Verbindung mit ausgeblichenen, silbrig glänzenden Wurzelknorren können symbolisch das Gebirge darstellen. Für die Gebirgskette dienen knorrige Bergkiefernäste und vom Alter gekrümmte Zweige. Flechten, die man künstlich mit Klebstoff auf die Zweige setzt, sind typisch für Mittel- und Hochgebirge. Da sie leicht abfallen und brüchig sind, ist es empfehlenswert, sie mit Haarspray zu besprühen. Zum Grauton der Flechten harmonieren alle rosafarbigen Blumen sowie das tiefe Grün der Kiefer. Alpine Pflanzen bilden die charakteristische Flora der Gebirgslandschaft.

Gefäße: Eine große Schale, Schieferplatten, Sandsteinplatten, Baumplatten schichtweise übereinander oder einzeln angeordnet, mehrere Schalen aneinandergereiht.

Blumen: Enzian, Schlüsselblume, Glockenblume, Edelweiß, Gebirgsnelke, Alpenveilchen, Orchidee, Vergißmeinnicht, Fetthenne, Trollblume, Rhododendron, Azalee, Steingewächse, Tulpe, Narzisse, Krokus, Primel, Arnika, Küchenschelle, Kamille, Pechnelke, Alpenrose, Alpenglöckchen, Lavendel, Silberdistel.

Zweige: Kiefer, Flechten und kahle Zweige, Konifere, Ginster, Wurzel, Gewürzstrauch, Rosmarin, Salbei.

Beiwerk: Zapfen, Steine, verschiedene Moosarten, Sand, Farn, Gräser, Silber- oder Golddistel. ▷

Die Teichlandschaft

Material: Seerosen *(Nymphaea),* Rohrkolben *(Typha),* Schilf *(Phragmites),* Seggen *(Carex),* Blätter der Bergenie *(Bergenia),* Muscheln.

Prädestiniert für die Darstellung einer Teichlandschaft sind Seerosen und ihre Blätter sowie Schilf, Rohrkolben und Muscheln. Am Wasser herrscht üppiges Wachstum. See und Teich bilden einen in sich geschlossenen Lebensraum mit eigener Gesetzmäßigkeit. Den wabenartigen Stiel der Seerosen sollte man mit einer Alkohol-Nikotinlösung im Verhältnis 3 : 1 impfen, damit sich die Blüten weit öffnen und auch bei Dunkelheit nicht schließen. Die Herstellung der Lösungsmischung ist recht einfach. Man drückt den Rest einer Zigarette einfach in Alkohol aus. Mit der Ikebana-Spritze wird die Lösung aufgesaugt und in die Stiele von unten eingespritzt.
Rohrkolben werden ebenfalls vorbehandelt und mit einem billigen Haarspray von allen Seiten sorgfältig besprüht, um das Aufplatzen bei Zimmertemperatur zu verhindern. Die Blätter der Rohrkolben kann man mit feuchten Fingern mehrfach vorsichtig ausstreifen, damit sie die gewünschte Form erhalten.
Der längste Punkt, die Linie des Himmels, hebt sich deutlich mit schützender Bewegung von Mensch und Erde ab. Der zweite Rohrkolben, die Linie des Menschen, blickt zum Himmel auf, bleibt aber durch die nach unten weisenden Rohrkolbenblätter erdverbunden.
Die Seerosen stellen die Linie der Erde dar. Entsprechend ihrer unterschiedlichen Entwicklungsphase bleibt die knospigste Seerose die längste; in der Mitte steht die geöffnete über der vollerblühten, schwimmend angeordneten Blüte.
Schilf, zwischen Shin und Soe eingesteckt, verbindet die beiden Linien. Bergenienblätter, teils mit der rötlich gefärbten Rückseite flach nach oben angeordnet, harmonieren mit der leicht rosa angehauchten Seerose.
Viele Gefäße und Pflanzen eignen sich für die Darstellung einer Teichlandschaft.

Gefäße: Schalen, groß, flach, möglichst rund, oval, ausgebuchtet, keine kantigen Formen. Zu verwenden ist auch eine teichförmig ausgeschnittene Spanholzplatte, die – blau oder türkis gestrichen – den Teich darstellt. Darauf gestellte kleine runde Gefäße versorgen die Blumen und Zweige mit Wasser.
Blumen: Seerose, Iris, Sumpfdotterblume, Wasserlilie, Calla, Lotos, Wasserhyazinthe, Pfeilkraut, Sumpflabkraut, Große Mummel (auch gelbe Teichrose genannt), Gilbweiderich, ein Primelgewächs, Trollblume, Vergißmeinnicht.
Zweige: Trauerweide, Erle, Birke, Pappel, Treibholz.
Beiwerk: Binsen, Rohrkolben, Schilf, Froschlöffel, Zyperngras, Bergenienblätter, Kreuzblatt, Sumpfgräser, Blutweiderich, Rainfarn, Sand, Steine.

Tropfen Morgentaus
rollen von dem einen Halm
auf den anderen Halm.
Japanisches Sprichwort

Die Heidelandschaft

Material: Ein kahler, bizarrer Birkenzweig *(Betula)*,
Kiefernknorren und -zweige *(Pinus sylvestris)*,
Heidekraut *(Erica gracilis)*,
Farne, ausgebleichte Wacholderwurzel *(Juniperus)*
Birkenrinde, Steine, Sand.

Die Heidelandschaft ist in der Variation Nr. 5, dem auseinandergezogenen Stil, auf zwei Kenzanen gearbeitet worden.
Die ovale, helle Schale versinnbildlicht den Sandboden der Heide. Auf zwei versetzt angeordneten Igeln sind trotz der verschiedenartigen Materialien die drei Hauptlinien Shin, Soe und Hikae deutlich zu erkennen. Der ausdrucksvolle Birkenzweig stellt die Hauptlinie Shin dar. Der nach rechts strebende füllige Kiefernzweig steht für den akzentuierten Punkt Soe. Die Linie Hikae, der kürzeste Punkt, ist auf dem zweiten, nach vorn gezogenen Igel zu finden und durch Farnwedel kenntlich gemacht. Mit vielerlei ausschmückendem Beiwerk sind die Linien unterstützt worden.
Ein kleiner Kiefernzweig schwingt hinüber zu Shin und untermalt diese kahl wirkende Linie im unteren Bereich. Im Schutz der beiden Kiefern, am Fuße eines kahlen, trockenen, ausgebleichten Wacholderbaumes, wächst die Heide. Die kleinverästelten uralten Zweige könnten viel erzählen, aber sie hören das Rauschen der Stürme, die auch die Birke gebeugt und kahl geweht haben, nicht mehr. Nur Sand und Steine scheinen unvergänglich. Der Sand wurde von Wind und Regen rillenartig gepeitscht. Die Sonne hat die vorgefundenen Formen krustig gebacken, und nun gehören sie mit zum Landschaftsbild der Heide. Die Steine, vom Regen ausgewaschen, von Sonne und Wind getrocknet, zeigen deutlich ihre Maserungen. Neben einer Moorwurzel junge frische Farnwedel – welch schöner Kontrast!
Viele Gefäße und Pflanzen eignen sich zur Darstellung einer Heidelandschaft.

Gefäße: Schalen, groß, rund oder oval, hellgrundig, Birkenschale, große Holzscheiben von Birke oder Kiefer.
Blumen: Heide, Erika, Besenginster, Heidenelke, Moorpflanzen, heideartige Staudenaster, Waldrebe, Waldweidenröschen.
Zweige: Birke, Kiefer, Wacholder, kahle Zweige, ferner Beerenzweige von bittersüßem Nachtschatten, Holunder, Schlehe, Eberesche, Heidelbeere, Heckenkirsche, Stechpalme, Mehlbeere, Zwergmispel, Vogelbeere, Preiselbeere, Hagebutte, Seidelbast, Pfaffenhütchen.
Beiwerk: Verschiedene Gräser wie Waldreitgras, Pfeifengras, Mistel, Bärlapp, Schachtelhalm, Geißblatt, Moosarten wie z. B. welliges Katharinen-, Filzmützen-, Widerton-, Polsterkissen-, Stern-, Weiß- und Torfmoos; Hirschzungen und andere Farne wie Frauen-, Eichen-, Wurm-, Rippen- und Adlerfarn, Baumpilze und Fliegenpilze, Hopfen, Flechtenzweige, bizarre Wurzelknorren, Baumrindenstücke.

Mein Herz strömt über
beim Anblick der schönen Natur.
Kein Mensch kann das Land so lieben wie ich.
Geben doch Wälder, Bäume, Felsen den Widerhall,
den der Mensch sucht.
Ist mir doch, als wenn jeder Baum zu mir spräche:
heilig, heilig!

Ludwig van Beethoven

Biegen und Formen von Pflanzen und Blumen

Zunächst muten die Begriffe Biegen und Formen in Verbindung mit Pflanzen zerstörerisch an. Warum, so mögen sich viele Blumenfreunde fragen, verwendet man Blumen und Zweige nicht so wie sie die Natur geschaffen hat, besonders im Ikebana, einer Kunstform, deren Ausgangsmaterial ausschließlich aus der Natur kommt. Hierzu sei gesagt, daß die Schönheit und Ausdruckskraft eines Ikebana auf den harmonisch gruppierten Farbkombinationen, den ausgewogenen, aufeinander abgestimmten Proportionen und Formen und vor allem der Eleganz und Grazie der Bewegungen beruht. Erst das Zusammenspiel dieser drei Komponenten läßt das Kunstwerk Ikebana entstehen.
Viele Menschen verfügen über ein natürliches Empfinden der möglichen Zuordnung von Formen, Farben und Linien. Diese nützliche Begabung reicht für eine gefühlsmäßige Beurteilung der Blumenkomposition aus, aber nicht für die Gestaltung eines kreativen, in allen Phasen ausgewogenen echten Ikebana. Dazu gehört auch neben dem Beherrschen der Grundregeln das Wissen um die Kunst. Der eigentliche Sinn des Biegens und Formens liegt darin, die Blume oder den Zweig so lebendig wie möglich erscheinen zu lassen, nicht steif und passiv, sondern schwungvoll und aktiv. Jede Linie und Bewegung erfordert eine Gegenbewegung und steht in einem direkten Zusammenhang zu den übrigen Formen und Wirkungsfaktoren des verwendeten Materials.
Über die Zuordnung der drei Linien bestehen jahrtausendealte Erkenntnisse, die sich aus der Urform des Ikebana, dem Rikka, ergeben haben. Die aufstrebenden, himmelwärts gerichteten Blumen und Zweige spiegeln die guten Wünsche, die positiven Gedanken eines Menschen wieder.
Erdwärts gerichtete Linien symbolisieren für den Japaner Trauer, Hoffnungslosigkeit und ungute Wesenszüge. Heute spielen diese Gesichtspunkte kaum noch eine Rolle; dennoch hat die Erfahrung gelehrt, daß eine optimale Harmonie erreicht wird, wenn sich die Linien aufstrebend in der Endphase treffen und sich zuneigen, als ob sie miteinander sprächen. Sehr oft haben die Zweige durch ihre Bewegung eine tänzerische Aussagekraft.
Bei der Zuordnung sind die verschiedenen Längen sowie die Richtungen der bewußt ungleich strukturiert gewählten Hauptpunkte mit in Einklang zu bringen. Wie stark man die einzelnen Pflanzen biegt, ist in erster Linie von dem Material abhängig und natürlich auch von dem gewünschten Stil. So ist die Technik des Biegens und Verformens eine vielseitige Bereicherung für das Gestalten mit Blumen und Zweigen.
Eine vielseitige Bereicherung bei Gestecken mit Blumen und Zweigen bietet die Technik des Biegens und Verformens. Sie ist besonders leicht an flexiblem Material wie Besenginster, Weidenzweigen, Weidenkätzchenzweigen, Hartriegel, Efeuranken, Liguster, Haselnußzweigen, Brombeere, Lonicera, Stechpalme und Peddigrohr zu erlernen. Die Biegungen werden durch den sich fortsetzenden federnden Druck der Daumen einerseits und den geschlossenen, den Zweig umspannenden Fingern andererseits, erreicht. Frische Triebe lassen sich am besten formen. Geeignet sind für diese Technik auch Kiefernzweige. Vielfach wird bei den Kiefern das Biegen auch mit dem Auslichten kombiniert, besonders bei zu fülligem Nadelansatz. Stärkere Zweige wie die der Birke oder des Ahorns, die zudem für ein Verformen der genannten Art zu spröde sind, werden anders behandelt. Die obere nach außen liegende Zweighälfte wird mit einer Ikebana-Schere oder einem scharfen Messer in Abständen von 1 – 2 cm mit schrägen Einschnitten von geringer Tiefe (1 – 2 mm), jedoch höchstens bis zu einem Drittel der Zweigstärke, versehen. Der auf diese Art sorgfältig bearbeitete Zweig wird nun vorsichtig an allen Einschnitten gebogen und mit kleinen Keilstücken verstärkt. So entsteht eine leichte Krümmung des Zweiges. Besonders kräftige Zweige werden je nach Länge und gewünschtem Biegungsgrad in Abständen von 5 – 10 cm nach dem gleichen Prinzip V-förmig eingekerbt. Beim Biegen kann man zusätzlich noch ein dickeres V-Stück in die Kerbe ein-

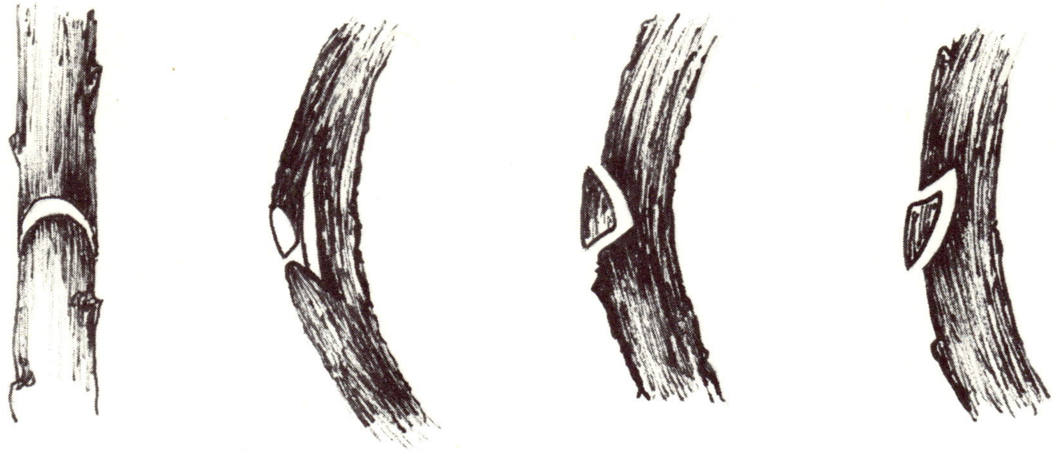

legen, um die gewünschte Verformung zu erhalten und zu festigen.

Blättern der Iris, Gladiolen, Narzissen, Feuerlilien, Jucca, Aspidistra und Rohrkolben muß zunächst einmal die natürliche Fettschicht entzogen werden. Auch die feinen Härchen sind zu entfernen. Zu diesem Zweck legt man die Blätter flach auf den Tisch und bestreicht sie, je nach Blattart und gewünschter Endform, mit einem kleinen angefeuchteten Naturschwamm beidseitig 5–10 mal. Dadurch werden sie weich und geschmeidig, und die Gefahr des Anknickens ist weitgehend ausgeschaltet. Man kann sie jetzt schleifenartig anordnen, dreieckförmig knicken oder aber für eine reine Irisblattdarstellung leicht biegen.

Für das Verformen der Blätter spielen die Blattsonnen- und Schattenseite – also die Vorder- und Rückseite – eine große Rolle. Bei den Iris- oder Gladiolenblättern, die von Natur aus fast aufrecht wachsen, sind die verstärkt ausgebildeten Blattrippen und der Verlauf der Blattspitzen die Schattenseiten. In der Regel gilt die Sonnenseite der Blätter auch als Oberseite. Eine Ausnahme bildet die *Iris hollandica* mit ihrer silberglänzenden Innenseite.

Blätter von Sansevierien, Jucca oder Aspidistra lassen sich von der Blattrippe ausgehend ein- oder beidseitig aufschlitzen. Außerdem können sie so von der Blattspitze her aufgerollt werden, daß die Blattoberseite nach innen gewandt ist. Das gilt als Ausgangspunkt für verschiedene Formen.

Neben Zweigen und Blättern lassen sich bei vorsichtiger Handhabung auch einige Blumenarten leicht nachbiegen, z. B. die Gerbera, Island- und Klatschmohn sowie Zierlauch. Zu diesem Zweck legt man rechts und links an den Stiel einen grünen eloxierten Steckdraht und umwickelt ihn unmittelbar unterhalb der Blüte beginnend, von oben bis unten mit einem hellgrünen Kautschukband. Nun kann man die Blumen ohne Schaden und Beeinträchtigung ihrer Haltbarkeit mühelos in jede gewünschte Form biegen. Genauso kann bei kleinen bis mittelgroßen Anthurien und kleinen Sonnenblumen verfahren werden. Bei Narzissen und Anemonen genügt das Einführen eines grünen Drahtes in den hohlen Stiel, da diese Blumen nicht sehr empfindlich sind.

Die natürliche hängende Form von Lärche, Weinranken, Waldrebe und Efeu wird gefestigt, indem man um die Ranken bzw. Stiele einen braun- oder grünummantelten Draht legt. Nötigenfalls kann man vorsichtig nachbiegen.

Verformen lassen sich auch Rindenstücke der Birke, Kiefer oder Tanne. Es entstehen oft skurrile Gebilde, wenn die Rinde in noch feuchtem Zustand auf die warme Heizung gelegt wird.

Will man Narzissenblätter spiralartig oder bogenförmig verändern, so streicht man sie zwischen den Fingern liegend mehrfach nach. Man hält das Blatt mit der rechten Hand am unteren Ende fest, während man die Blattfläche zwischen Daumen und den übrigen Fingern durchzieht, bis es geschmeidig geworden ist. Wahlweise läßt sich nun das Blatt zu einem Bogen formen, den man am unteren Ende mit einem Streichholz verstärkt und mit Bast zusammenbindet. Oder aber man rollt es von der Spitze her zu einer engen Schnecke auf, um ihm eine spiralartige Form zu geben. In die Mitte eines solchen zweischichtigen Blattes läßt sich leicht ein grünummantelter Steckdraht einführen, mit dessen Hilfe sich Phantasiegebilde gestalten lassen. Während man mit der rechten Hand den Draht einschiebt, muß der linke Daumen und Zeigefinger tastend die Stelle unterstützen, an der die Spitze des Drahtes durchgleitet. Eventuelle Wellungen sind auszugleichen und nachzustreichen.

Nicht nur bei frischen Pflanzen ist die Biegetechnik anzuwenden, sondern auch bei getrockneten. So werden beispielsweise gebleichte gedrückte Farne, Strohblumen oder Gräser über Wasserdampf wieder flockig und flexibel. Man kann sie dabei behutsam aufblättern und nachbiegen, um so die natürliche Form zurückzugewinnen.

Es versteht sich von selbst, daß der Technik des Biegens Grenzen gesetzt sind, denn die Haltbarkeit der verwendeten Pflanzen darf keinesfalls beeinträchtigt werden. Das ist das oberste Gebot bei der Gestaltung mit lebendem Material. Das Biegen und Formen bezieht sich auch auf das spitzwinklige und dreieckförmige Anknicken von Rohrkolben, Binsen, Schilfblättern oder sonstigen Gräsern.

Anwendung findet diese Technik praktisch in jedem Arrangement, zumal man gedrückte Blätter vorsichtig biegend wieder aufrichten kann und andere so bewegt, daß sie den Kenzan verdecken, ohne mit Wasser in Berührung zu kommen.

Die Biegetechnik läßt sich am besten an völlig unempfindlichem Material wie Besenginster oder Peddigrohr, das vor der Verarbeitung in Wasser einzuweichen ist, erlernen. Man kann es dann spielend zu Schlaufen, Knoten, Bogen oder dreieckförmigen Gebilden formen. In Gruppen oder Einzelstellung werden die erarbeiteten Linien in der Kombination mit Blumen dem Beschauer dargeboten. Darüber hinaus versucht man, frisch geschälten Baumwurzeln, Trauerweide oder Drehweide ein bizarres Aussehen zu geben. Das gelingt nur, wenn man sie sofort nach dem Schälprozeß mit Wäscheklammern, Draht, Bast oder Haarklips in den gewünschten Windungen fixiert und zum Trocknen in die Sonne oder auf einen warmen Heizkörper legt.

Reigen

Material: Weidenkätzchenzweige *(Salix)*,
Azaleen *(Rhododendron)*

Bei den naturbetonten Blumenanordnungen spielt das Gefäß eine untergeordnete Rolle. Daher sollten Form und Farbe unauffällig sein und vor der Blumenpracht, die sich aus der Gefäßmitte entfaltet, dienend zurücktreten.
Die von ihren Wurzeln getrennte Blume wird in einer anderen Umgebung nach den Regeln des Ikebana zu neuem Leben erweckt. Eine Blumenkomposition sollte so wirken, als würde sie in der Schale weiterwachsen.
Die herabfallenden Linien der Weidenkätzchenzweige, die sich über die zartrosa Azaleen neigen, gleichen hängenden Silberkätzchen. Blüten und Zweige streben wie aus einem Punkt aus der Schale heraus. Ein mit Wasser gefülltes eingearbeitetes Orchideenröhrchen versorgt die Azaleen mit Nahrung. Die aufzusetzende Verschlußkappe des Röhrchens, deren winzige Öffnung durch Einschnitte vergrößert werden kann, verringert die Wasserverdunstung; jedoch ist täglich zu kontrollieren, ob die Flüssigkeit ausreicht.
Die Weidenkätzchenzweige stehen absolut trocken. Nur so kann man sie an der Weiterentwicklung hindern, d. h. sie blühen dann nicht auf und fallen auch nicht ab. Es empfiehlt sich, die trocken gewordenen Zweige mit einem billigen Haarspray zu besprühen, damit die Kätzchen besser haften und weniger staubempfindlich sind.

Ewiger Kreislauf

Material: Efeuranken *(Hedera helix),*
lila und weiße Anemonen *(Anemone)*

Die rankende Bewegung des an Bäumen und Hausmauern emporkletternden Efeus wurde vorteilhaft ausgewertet. Die Linien der beiden Efeuranken führen in einem weit gespannten Bogen aus der hinteren hochgestellten Schale heraus. Sie umrahmen die Blumen und münden zusammengeführt in dem vorderen niedrigen Gefäß.
Bei der Anordnung des Efeus ist zu berücksichtigen, daß sich die Blattansätze ausschließlich auf der Vegetationsseite befinden, während die Rückseite mit Haftwurzeln besetzt ist. Die Ranken werden beim Einstekken von Anfang an so nach innen gebogen, daß sich die schön geäderten Blätter den Blumen zuwenden. Die wechselständige Wuchsform erlaubt dem Gestalter, hin und wieder ein Blatt über den kahlen Rankenrücken zu biegen und dadurch die strenge Linienführung zu unterbrechen. In ähnlicher Weise lassen sich die Zweige der Kätzchenweide, Hängeweide, Hagebutte und Feuerdrahtrose verarbeiten.
Der vierteilige quadratische Schalensatz ist vielseitig zu verwenden. In diesem Beispiel ist die kleinste der Schalen umgedreht als Fuß benutzt worden. Darauf steht die nächstgrößere Schale. Die Schalenböden sind durch beidseitig haftendes Kreppapier miteinander verbunden. Diese Verbindung kann jederzeit mühelos wieder gelöst werden.
Die außergewöhnliche, in zwei Ebenen zueinander verlaufende Bogenführung der Efeuranken wird durch den seitlich versetzten und erhöhten Aufbau der Schalen erreicht. Zu diesem Zweck wurde die größte Schale hochkant unter die zweitgrößte gestellt. Wichtig ist neben der oben beschriebenen Hafttechnik, daß die Unterstützungsfläche unter den Schalenmittelpunkt (Schwerpunkt) zu liegen kommt. Die gemusterten Efeublattranken umgeben die in den Kreis hineinwachsenden lila Anemonen. Die weißen Blüten schließen den noch offenen Teil.
Um die Blumen in die gewünschte Form zu biegen, wurde in ihre hohlen Stiele ein grün eloxierter Draht eingeführt.
Das Arrangement wird durch die größeren Blätter mit dem grünen Beerenansatz, der sich nur in der Altersform des Efeus bildet, abgerundet.

Ich fand eine Feldblume,
bewunderte ihre Schönheit,
ihre Vollendung in allen Teilen.
Arthur Schopenhauer

Im Mittelpunkt der Gestaltung steht das Blatt

Großflächige, haltbare Blätter bilden einen beliebten Blickfang in Ikebana-Kompositionen. Zuweilen sind sie dominierender Faktor und Ausgangspunkt der gesamten Gestaltung. Ikebana-Gestecke, die ohne weiteren Blumenschmuck nur die Schönheit der Blätter sprechen lassen, sind keine Seltenheit. Beschaffenheit, Größe und Form eines Blattes geben dem Ikebana-Künstler zu außergewöhnlichen Kreationen genügend Anregungen.

Es gibt krautige Blätter, z. B. bei sommergrünen Pflanzen, und lederartige (bei fast allen immergrünen Gehölzen). Nach der Gliederung des Blattes sind einfache und zusammengesetzte Blätter zu unterscheiden. Während das einfache Blatt aus einer Fläche besteht, setzt sich das andere aus mehreren kleinen Blättchen an einem Stiel zusammen. Alle Blätter haben eine Ober- und eine Unterseite. Die Blattnerven, die der Aussteifung des Blattes und der Nährstoffleitung dienen, treten auf der Unterseite besonders deutlich hervor.

Die ungeteilten Blätter lassen sich nach ihrem Gesamtumriß in verschiedene Gruppen teilen. Sie sind

nadelförmig	(Kiefer, Lärche)
linealisch	(Sanddorn)
lanzettlich	(Sansevieria, Neuseelandflachs, Schilf, Schwertlilie, Fackellilie)
länglich	(wilder Meerrettich, Aspidistra, Anthurie)
elliptisch	(Gummibaum, Funkie, (Croton)
rundlich	(Bergenien, Alpenveilchen)
eiförmig	(Loniceraxylosteum)
verkehrt eiförmig	(Magnolie).

Besonders anregend sind die lanzettlichen und länglichen Blätter, da sie vielseitig und ausdrucksvoll arrangiert werden können.

Gestaltungsmöglichkeiten mit Blättern

Ein fächerartiger Aufbau oder die ruhige Grünfläche eines einzelnen Blattes kann einen interessanten Hintergrund für viele Blumen ergeben. Vorzüglich geeignet für eine derartige Zusammenstellung sind Blätter der verschiedensten Arten, z. B. von Aralien, Canna, Funkie, Palme, Rhododendron, Ahorn, Croton, Gummibaum und Philodendron.

Reizvoll ist die erwähnte fächerartige Anordnung sowohl vertikal als auch horizontal, wobei Schilf, Schwertlilien oder Lilienblätter im Wechsel mit Binsen recht dekorativ erscheinen. Ein Arrangement mit Gräsern, Farnen oder Strohhalmen kann ebenso schön sein.

Das schleifenförmig eingearbeitete Blatt

Viele lange Blätter eignen sich für eine dekorative schleifen- oder bogenförmige Gestaltung, z. B. Iris-, Lilien-, Jucca-, Sansevierien-, Aspidistra-, Narzissen- und Neuseelandflachsblätter. Sie lassen sich interessant ineinander verschlingen. Die Technik des Einsteckens von Anfang und Ende der Blätter und Zweige wendet man auch bei Trauerweide oder Weidenkätzchen an. Ebenfalls bogenförmig werden Efeu, Wein- oder Geißblattranken (Jelängerjelieber) eingeordnet. Sie können durch ihre Länge der verbindende Teil zweier Arrangements sein.

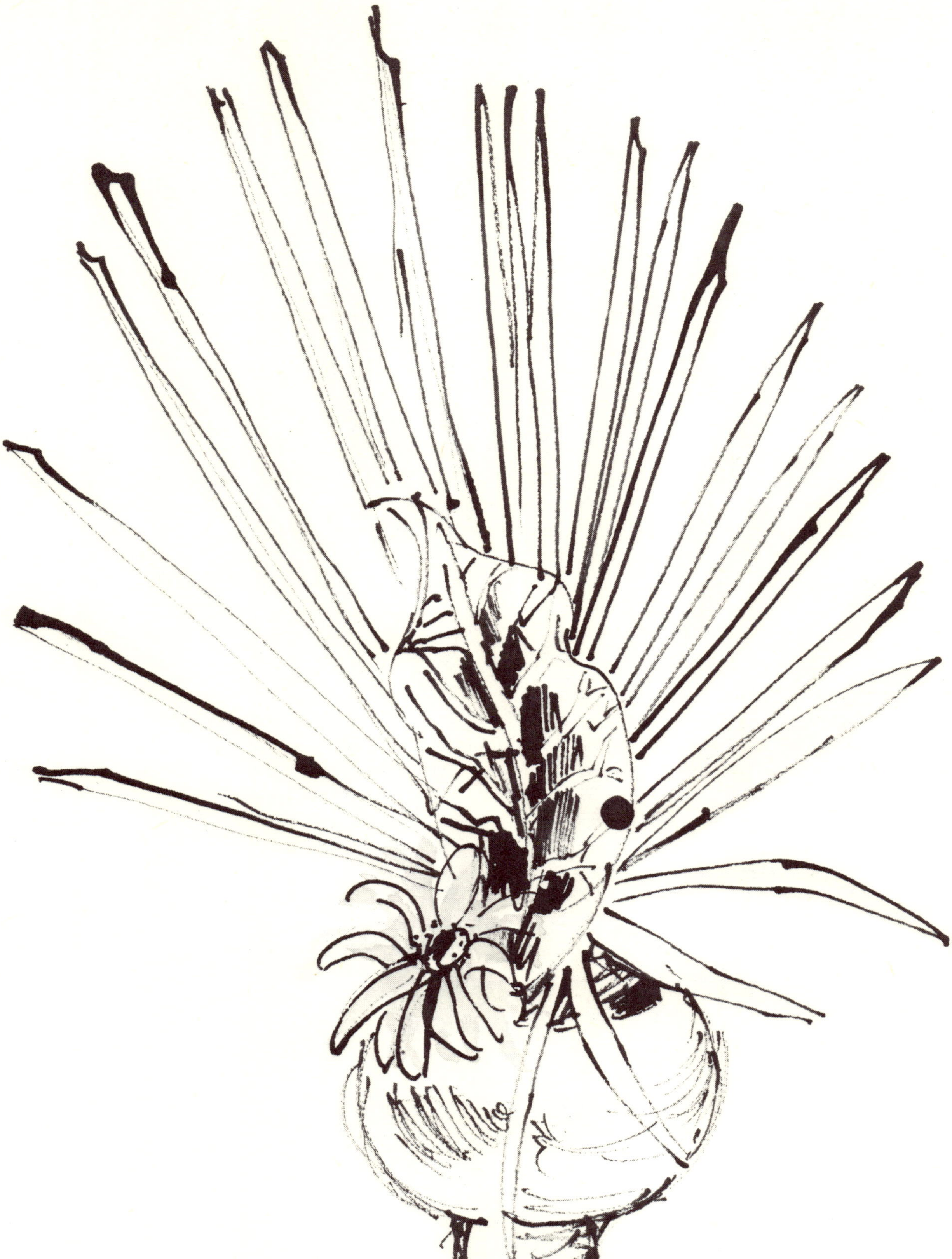

Das Einschlitzen und Durchziehen

Eine Veränderung dieser Art wird gern bei Blättern von Sansevierien und Neuseelandflachs vorgenommen. Zu diesem Zweck schneidet man die Blätter zwei Tage vor dem Arrangieren und stellt sie trocken in die Vase, damit sie für die Weiterverarbeitung weich und gefügig werden. Man legt ein Blatt auf ein Holzbrettchen und ritzt es in der Mitte in Längsrichtung 6–10 cm weit mit einem Messer ein. Dann biegt man die Spitze des Blattes nach vorn und zieht sie durch den entstandenen Schlitz. Es bildet sich eine Art Vogelschnabel.
Eine weitere dekorative Form erreicht man, wenn man die Blätter bis zu den Spitzen aufschlitzt, rechts und links der Schlitze je einen weiteren kleinen Einschnitt macht und die Blattspitzen schleifenförmig durch die entstandenen Öffnungen führt.
Der Phantasie sind beim Variieren der sehr haltbaren Blätter, die bis zu neun Monaten in der erarbeiteten Form stehen können, keine Grenzen gesetzt.

Das dreieckförmig angeknickte Blatt

Die langen lanzettlichen Blätter von Lilie, Jucca oder Rohrkolben werden zuweilen zweimal geknickt im spitzen Winkel eingesteckt.

Das Verkürzen

Canna, Palme, Dracaena (auch Drachenlilie genannt), Strelitzie und Gummibaum haben große Blätter. Man kann sie interessant verkürzen oder spitzwinkelig ausschneiden. Am einfachsten ist es, wenn man sich beim Schnitt nach dem Verlauf der stärksten Blattadern richtet. Diese befinden sich üblicherweise in der Blattmitte, können sich aber je nach Blattart auch seitwärts ausdehnen. Angewandt wird diese Technik ausschließlich im modernen Ikebana.
Nicht nur aus dekorativen Gesichtspunkten, sondern auch aus ästhetischen Gründen schneidet man Blätter nach bzw. verkürzt sie. Zweckmäßigerweise benützt man dafür die doppelseitig geschliffene Ikebana-Schere, die die empfindlichen Blattzellen weder quetscht noch drückt. Das austretende Chlorophyll vernarbt sofort, so daß die kleine Schönheitskorrektur überhaupt nicht auffällt.
Diese Methode wird ebenfalls bei angeknickten oder viel zu groß getriebenen Tulpenblättern, bei vergilbten Irisblattspitzen oder Lilienblättern angewandt.

Das wandelbare Aspidistrablatt

Vielseitig und beliebt für die Gestaltung sind Aspidistrablätter. Dabei ist es gleich, ob sie frisch, getrocknet, gelackt oder gebleicht verarbeitet werden. Man kann sie dauerhaft präparieren, wenn man sie über Nacht in eine Lösung aus einem Teil Wasser und zwei Teilen Glyzerin einlegt. Diese Blätter lassen sich gerollt verarbeiten, ähnlich wie die von Narzissen und Neuseelandflachs. Außerdem ist das einseitige Aufschlitzen einer Blatthälfte hierbei sehr beliebt. Man spricht von einer fensterartigen Wirkung.
Eine Besonderheit stellt der Kontrast zwischen frischen und gebleichten Aspidistrablättern, die sich gut formen lassen, dar. Je nach Verwendungszweck können ausschmückende Blumen mit einbezogen werden.

Besondere Blattformen

Sehr individuell sind Gummibaumblätter zu arrangieren. Auch hier ist die Gegensätzlichkeit zwischen frischen (grünen) und getrockneten, einfarbig gefärbten (rot, schwarz oder orange gelackten) Blättern reizvoll. Frische, getrocknete, und rotgelackte Blätter können die Grundelemente einer Komposition bilden. Voraussetzung für das Färben bzw. Lackieren ist, daß die Blätter absolut trocken sind, da sonst der Lack sofort wieder abplatzt.

Interessant sind auch die Blätter der Drachenlilie *(Dracaena deremensis)*. Diese hübsche Topfpflanze bringt schwertförmige Blätter von ca. 45 cm Länge hervor. Auffallend sind die zwei silbrig weißen Bänder, die sich über die ganze Länge der dunkelgrünen glänzenden Blätter erstrecken. Die Sorte »Bausei« allerdings weist nur einen weißen Mittelstreifen auf. Diese Blätter sind dem Aspidistrablatt sehr ähnlich. Sie haben nur keinen so langen eleganten Stiel, sind aber gut biegbar und außerordentlich haltbar.

Die Monstera ist eine weitere Blattpflanze, die auch die Bezeichnung »Philodendron« oder »Fensterblatt« trägt und volle Beachtung verdient. Die immergrüne Kletterpflanze mit den großen oft unregelmäßig eingeschnittenen oder durchlöcherten Blättern – letztere kommen häufig bei älteren Pflanzen vor – ist ausgesprochen dekorativ. Die Watsonia ist ein Zwiebelgewächs und hat reizvolle lange schwertförmige Blätter. Sie sind für alle Kompositionen geeignet.

Frischer grüner, getrockneter brauner oder gebleichter Farn kann als fächerartiger Hintergrund oder zur Untermalung der Blumen dienen. Man findet die verschiedensten Sorten in den Wäldern. Zahlreich sind auch die Zierfarne als Topfpflanzen. Gebleichte und getrocknete Farne sind im Handel erhältlich.

Von besonderer farblicher Schönheit sind die Blätter von Croton, Calladium, Begonie, Grünlilie, Zyperngras, Agapanthus, Agave, Ananas, Alpenveilchen, Dieffenbachie, weißgrünem Efeu (Hedera helix) und Rizinus.

Hin und wieder ist es notwendig, auch bei Blättern Schönheitskorrekturen vorzunehmen. Bei Irisblättern z. B. findet man oft gelbe oder gerade geschnittene Blattspitzen, die unschön aussehen. Schadhafte Blätter sollten stets so nachgeschnitten werden, daß neue Spitzen in ihren ursprünglichen Formen entstehen. Nach dem gleichen Prinzip werden überlange, breit nach unten geknickte Tulpenblätter behandelt. Führt man dieses Nachschneiden mit einer guten scharfen Ikebana-Schere aus, wird man den Blättern die Korrektur selbst nach Tagen noch nicht ansehen.

Sogar von Pflanzen abgetrennte Stiele können durch bestimmte Veränderungen ein zusätzlicher Blickfang in einem Arrangement sein, wenn man beispielsweise die haltbaren Strelitzien- oder Gladiolenstiele am oberen dünneren Ende schräg anschneidet und dicht neben Blüten und Blättern einfügt. Der Japaner sieht darin in Verbindung mit dem Arrangement ein stetes Wachstum. Bei Callastielen wendet man eine andere Methode an:

Die röhrenartigen Stiele werden von oben her 5–6 mal ca. 10 cm tief aufgespalten. Sie biegen sich dann graziös nach außen und erinnern an eine aufspringende Blüte.

Die Blätter folgender Topfpflanzen lassen sich interessant und dekorativ im Ikebana-Arrangement eingruppieren:

Ananasgewächse *(Bromeliaceae)*, z. B. *Aechmea fasciata, Cryptanthus Nidularium tricolor, Vriesea splendens.*

Baumfreund *(Philodendron), P. ilsemannii, P. melanochrysum.*

Bogenhanf *(Sansevieria), S. trifasciata »Laurentii«.*

Buntnessel *(Coleus blumei)* mit Sorten.

Buntwurz *(Caladium)* viele Sorten.

Dieffenbachie *(Dieffenbachia)* besonders *D. picta.*

Drachenlilie *(Dracaena), D. fragrans, D. godseffiana, D. sanderiana.*

Dreimasterblume *(Tradescantia),* mehrere Arten.

Efeu *(Hedera canariensis* und einige *H. helix)* z. B. *var. »Sagittaefolia«* und *H. helix Gloire de Marengo.*
Efeutute *(Rhaphidophora aurea).*
Fetthenne *(Sedum)* mehrere Arten z. B. *S. sieboldii.*
Flamingoblume *(Anthurium crystallinum).*
Glanzkölbchen *(Aphelandra).*
Grünlilie *(Chlorophytum comosum).*
Jungfernrebe *(Parthenocissus henryana).*
Klimme *(Cissus)* z. B. *C. discolor.*
Kolbenfaden *(Aglaonema).*
Königsbegonie *(Begonia rex).*
Marante, Pfeilwurz *(Maranta) M. leuconeura.*
Mooskraut *(Selaginella)* einige Formen z. B. *S. nigra.*
Papageienaloe *(Aloe variegata).*
Passionsblume *(Passiflora maculifolia* und *P. trifasciata).*
Rankender Steinbrech, Judenbart *(Saxifraga stolonifera).*

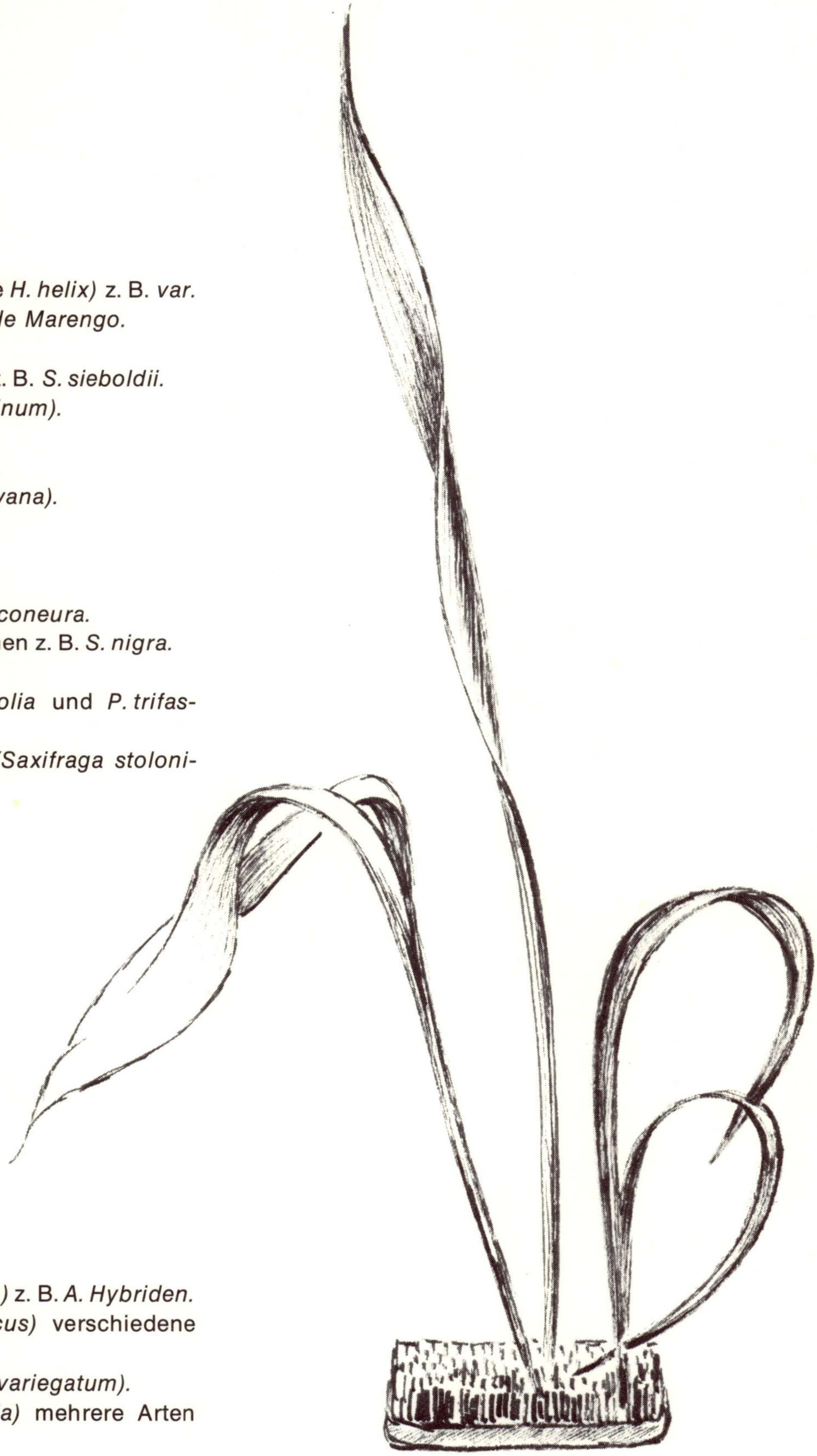

Schönmalve, Zimmerahorn *(Abutilon)* z. B. *A. Hybriden.*
Spindelstrauch *(Euonymus japonicus)* verschiedene Formen.
Wunderstrauch, Croton *(Codiaeum variegatum).*
Zwergpfeffer, Peperonie *(Peperomia)* mehrere Arten z. B. *P. glabella.*

Aufrichtigkeit

Material: Monsterablätter *(Monstera)*,
rote Rosen *(Rosa)*.

In horizontaler und vertikaler Richtung begleiten die beiden apart asymmetrisch eingeschnittenen Blätter der Monstera – in Deutschland Fensterblatt genannt – die drei großblütigen Parkrosen. Die interessant aufgegliederten Blattflächen wurden vor dem Arrangieren mit einem Schwamm von Staub befreit und anschließend mit einem Blattlack besprüht. Die von einem hohen Fuß getragene Pilzschale in dezenter Salzglasur bietet den würdevollen Ausgangspunkt für diese Komposition. Das flach ausgerichtete Blatt verbirgt dem Auge einen Teil der Gefäßkonturen, indem es diese ohne die geringste Berührung umspielt. Durch die leichte Schrägführung des zweiten Blattes ergibt sich die Verbundenheit der gleichartigen Materialien, die aus einem gemeinsamen Einsteckpunkt hervorgehen. Auch die Rosenstiele wachsen dicht nebeneinander stehend hinter dem großflächigen Monsterablatt zusammen. Die beiden weit geöffneten Blüten drängen sich liebevoll aneinander und ergeben so einen wohltuenden Ausgleich zu der das Arrangement beherrschenden Grünfläche. Gleichzeitig aber unterstreichen sie die aufstrebende Tendenz des dominierenden Blattes. Neugierig schaut eine weitere etwas länger eingesteckte Rose hinter dem Blatt hervor.

Ein Windhauch zieht durch den Abend.
Die Rosen beginnen zu beben.

Shiki

Sommerfenster

Material: Blatt und Blüten der Gerbera Sorte »Rembrandt« *(Gerbera)*, Blätter der Schusterpalme *(Aspidistra)*.

Bemerkenswert ist hier die besondere Gestaltungsweise der Aspidistrablätter. Beim näheren Betrachten ist zu erkennen, daß die starke Blattrippe das Blatt in zwei ungleiche Teile gliedert. Um die jalousieartigen Öffnungen entstehen zu lassen, ist es angebracht, für das Aufschlitzen die breitere Blattseite zu wählen. Man legt die Blätter flach auf ein Holzbrett und schlitzt sie im Abstand von jeweils 1½ cm, beginnend etwa ½ cm unterhalb der Spitze zum Stiel hin auf. Alle folgenden Schlitze werden sowohl an der Spitze als auch am Stiel je ½ cm kürzer. Die im Breitbandsystem aufgegliederte Anordnung verjüngt sich stetig. Je nach Blattbreite entstehen drei bis sechs Öffnungen. Entscheidend ist, daß das Blatt hierdurch an Festigkeit nicht verliert und sich beim Aufstellen die gewünschte Form bildet.
In diesem Gesteck sind drei Blätter auf diese Weise verändert worden. Die beiden längeren Blätter stehen Stiel an Stiel voreinander. Aus ihrer Mitte erhebt sich eine besonders aparte Gerbera der Sorte »Rembrandt« mit dunkelbrauner Blütenmitte. Das untere, dritte Aspidistrablatt, dessen Stiel ebenfalls dicht an den ersten beiden eingefügt wurde, neigt sich nach vorn, um die flächige Wirkung auszugleichen. Schön gezeichnete Gerberablätter, den Löwenzahnblättern sehr ähnlich, stehen wiederum Stiel an Stiel, eines sich seitwärts nach rechts öffnend, das zweite nach vorn kommend den Schalenrand umspielend. Die beiden weiteren Gerbera unterstreichen die Blattanordnung. Die Gerbera wurde durch einen angelegten Steckdraht gestützt und von oben bis unten mit Guttacoll umwickelt. Außerdem steht sie in lauwarmem Wasser.
Die Reihenfolge der Beschreibung entspricht dem Aufbau. Die Shin-Linie ist in der längsten Gerbera zu sehen. Soe, die zweite Linie, ist durch die mittlere, Hikae durch die kürzeste Blüte ausgedrückt. Die Blätter unterstützen die Linien und vervollständigen die Komposition.

Kontrastreiche Arrangements

Unter dem Kontrastreichtum eines Arrangements versteht man eine Gegenüberstellung von Formen, Linien, Bewegungen und Farben. Dabei werden folgende Gegensätze herausgearbeitet:

aufstrebend	– lagernd
grazil	– gedrungen
zierlich	– schwer
hoch	– niedrig
hell	– dunkel.

In der Natur gibt es genügend Beispiele. Von besonderem Interesse sind in diesem Zusammenhang auch kontrastreiche Farbzusammenstellungen wie Rot-Grün, Orange-Blau, Violett-Gelb oder der Vergleich von stumpfen und leuchtenden Farben. Goethe sagt dazu sehr treffend: »Alles Lebendige strebt zur Farbe, zum Besonderen, zur Spezifikation, zum Effekt.«

Gezielt eingesetzte Farbkombinationen geben dem Ikebana einen Ausdruckswert, der nur schwerlich durch andere Gestaltungselemente erreicht werden kann. Unter Gestaltungselement versteht man in diesem Falle zur Verarbeitung kommende Pflanzen, die durch die bildende Hand des Künstlers im Arrangement hervorgehoben werden oder zurücktreten. Derartige Kompositionen, die es auf eine Gegenüberstellung von Wirkungen abzielen, wie sie sich aus den Formen von geraden Linien wie Rohrkolben, Binsen, Königskerzen, Gladiolen, Pampasgras, Eremurus, Lupinen, Fackellilie, Ixien usw. ergeben, sind sehr modern.

Das Spiel der Bewegungen und Gegenbewegungen im Ikebana beruht meist auf einer linear oder grafisch aufgebauten Darstellung.

Zu den schweren Blüten der weitgeöffneten Pfingstrosen, Hortensien, Dahlien, Chrysanthemen, Indicum-Hybriden und des Allium gesellt man gern leichte ausschwingende Zweige von Sanddorn, Fingerkraut, Zwergmispel, Drehhasel, Drehweide oder Berberitze als Ausdruck von Fröhlichkeit und Vitalität.

Vertikale Linien sollen aufrichtig, bestimmt, klar und stabil wirken; man kann sie durch Rohrkolben, Binsen, Königskerzen, Mandelblütenzweige usw. darstellen.

Unterbrochene Linien, wie sie bei Citrus und manchen Kiefernarten vorkommen, erscheinen unsicher und nicht gefestigt. Bizarre Linien treten bei Zedern- und Schlehdornzweigen auf. Anmutig verspielt sind Drehweide, Drehhasel und Elfenbeinginster.

Ausschwingende, sichelförmige Linien, wie man sie bei der Euphorbia vulgens, Heckenrosen oder Besenginster findet, verlaufen fröhlich und vital.

Lagernde, runde Formen erscheinen ruhig, in sich geschlossen, auf den Mittelpunkt hin konzentriert. Diese Kreisformen haben keine räumliche Wirkung. Klassische Vertreter sind Hortensien, Pfingstrosen, Dahlien, Astern, Rhododendron, Sonnenblumen und Seerosen.

Auch die Oberflächenstruktur von Pflanzen und Blättern kann durch ihre Farberscheinung sowie z. T. stoffähnlichen Charakter speziell bei den Kontraststilen Gestaltungsmittel sein.

Rustikale Strukturen weisen Erlenzweige, Disteln, Baumrinden, Platanenfrüchte und auch Kiefernzapfen auf, deren Oberflächen herb, rauh und stumpf sind.

Flauschige Strukturen haben Mimosen, Küchenschellen, Stiefmütterchen, Wollgras usw. Ihre Oberflächen sind samtig, die Farben tief und satt.

Seidige Strukturen sind bei Wicken, Rosen, Mohn und Cattleyen zu finden. Sie haben meist einen matten Glanz, empfindliche Blütenblätter und wirken zart und leicht.

Bei Christrosen, Calla, Seerosen oder Magnolien spricht man von einer porzellanartigen Struktur. Dieser Eindruck entsteht durch die wachsähnliche Oberschicht der Blüten. Auch sie scheint in gewisser Weise zerbrechlich und ist zum Teil druckempfindlich.

Eine metallische Oberflächenstruktur haben Philodendron und Anthurie.

Kontraste entstehen auch durch die Gegenüberstellung von frischen Blumen und Zweigen mit getrocknetem Pflanzenmaterial.

Variationen im Kontraststil

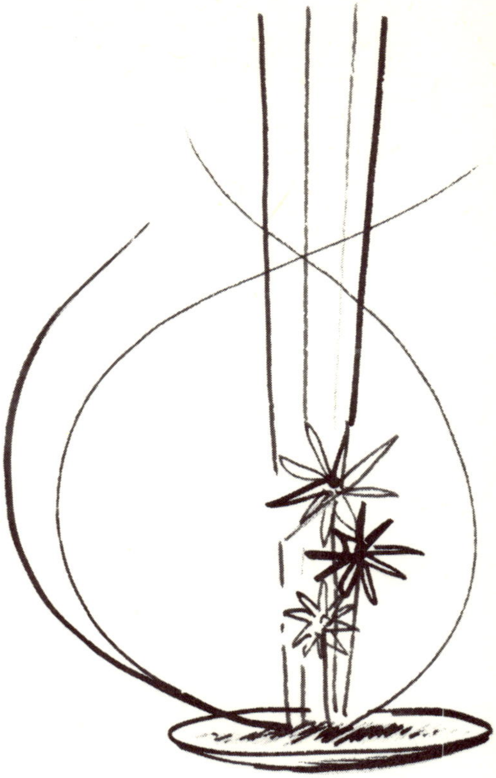

Jede Linie soll deutlich in der vorgegebenen Form zum Ausdruck kommen.

Kerzengerade Shin-Linie ist zu gestalten mit:
a) jungen Kieferntrieben
b) entblätterten Weidenruten oder Haselnußzweigen
c) rotem Hartriegel
d) 1 cm starkem Peddigrohr.

Umkreisende Soe-Linie
zu a) weiße Euphorbien oder kahle Brombeerranken
zu b) blühende Heckenrosen
zu c) Zedernzweige
zu d) Lärchenzweige.

Aufstrebende Hikae-Linie
zu a) Amaryllis (rosa oder rot)
zu b) Lupinen (blau oder rosa)
zu c) Lilien (weiß)
zu d) Gerbera oder Rosen.

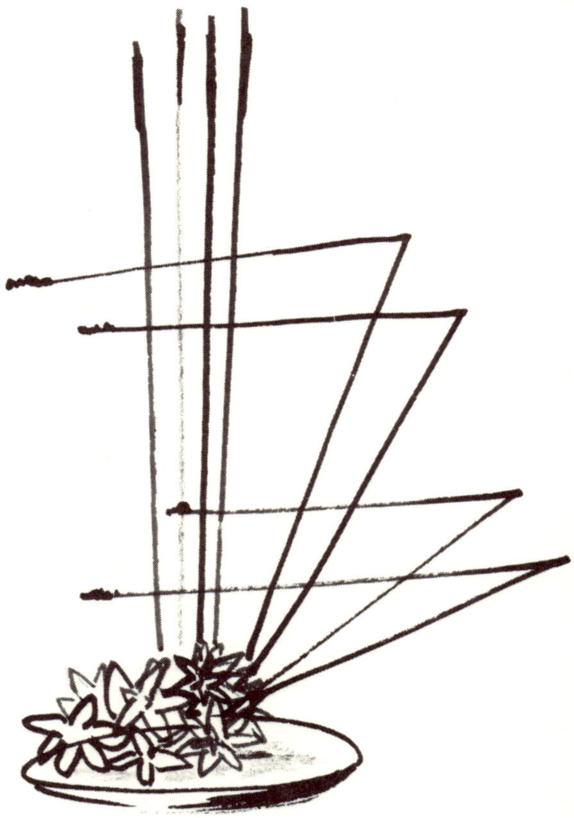

Kerzengerade Shin-Linie ist zu gestalten mit:
a) Binsen
b) Mohnkapseln
c) Rohrkolben
d) Pampasgras.

Angeknickte Soe-Linie
zu a) Rohrkolben
zu b) Schilfgräser
zu c) Binsen
zu d) Rohrkolben.

Lagernde Hikae-Linie
zu a) Seerosen
zu b) Gartenmohn, Hortensie, Sonnenblumen
zu c) Koralle
zu d) Dahlien oder Chrysanthemen.

Kerzengerade Shin-Linie ist zu gestalten mit:
a) Eremurus
b) Nachtkerze, Königskerze, Fingerhut
c) Weidenkätzchen
d) Gräserstielen.

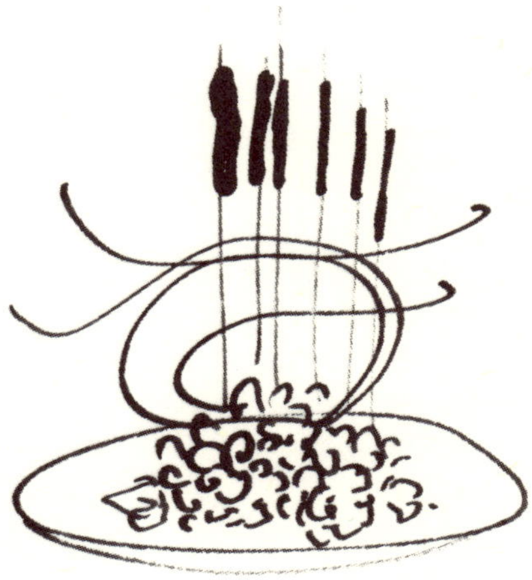

Geschwungene Soe-Linie
zu a) Sansevierienblätter, Reisstroh
zu b) Farn, Besenginster
zu c) Weidenkätzchen
zu d) gedrahteter Islandmohn.

Lagernde Hikae-Linie
zu a) Chrysanthemen, Dahlien, Zinnien
zu b) gelbe Schafgarbe, Bartnelken, Nelken
zu c) aufgeblätterte rote Tulpen
zu d) gebündelte Anordnung von Gerstenähren.

Als meine Augen alles
gesehen hatten, kehrten sie zurück
zur weißen Chrysantheme.

Isshõ

Einen Kontrast bietet die Gegenüberstellung Himmel – Erde.

Züngelnde Shin-Linie ist zu gestalten mit:
a) Peddigrohr, entsprechend geformt
b) Drehweide
c) Allium.

Kompakte Hikae-Linie
zu a) Rhododendron, Geranien, Proteen
zu b) Feuerlilien, Hortensien, Skarbiosen
zu c) Hortensien, Pfingstrosen, Dahlien.

Geschwungene Shin-Linie ist zu gestalten mit:
a) Ginster
b) Reisstroh
c) Spiraeen
d) Weidenkätzchen.

Flächige kompakte Hikae-Linie
zu a) großblütige Rosengruppierung
zu b) Geranienblüten, Pfingstrosen
zu c) Nelken, Rosen, Tulpen
zu d) Amaryllis, Tulpen, Bartnelken.

Unterlagen

Kokos-, Bast- und Sisalmatten rund, oval, quadratisch, grob oder fein geflochten sowie Baumscheiben, Lackuntersetzer oder Platten und japanische Dais können im Moribana oder Nageire für die Blumenarrangements als Unterlage benutzt werden. Sie sollen der gestalteten Komposition einen abrundenden Rahmen geben und eine zusätzliche Komponente des Arrangements bilden. Darüber hinaus erfüllen sie den praktischen Zweck eines Feuchtigkeitsschutzes für Möbel oder Teppiche.

Erübrigt sich aus räumlichen oder gestalterischen Gründen eine sichtbare Unterlage, so sollte in jedem Falle die Auflagefläche der Schale mit kleinen selbsthaftenden Dekofilzplättchen beklebt werden, um die Möbel vor Kratz- und Wasserschäden zu schützen.

Unter einem Dai versteht man mit Peddigrohr aneinandergereihtes Pfefferrohr, also eine rustikale naturgebundene Unterlage, die vorwiegend dunkelbraun getönt in Fachgeschäften erhältlich ist, aber auch naturfarben oder leicht geflammt angeboten wird.

Der Sonne entgegen

Material: Lampenputzergras *(Pennisetum)*, Sonnenblumen *(Helianthus)*, Rohrkolben *(Typha)*.

Kontraste ergeben sich durch unterschiedliche Bewegungen der Linien und durch die Verschiedenartigkeit des Materials.
Die imposanten Lampenputzergräser mit ihren Kerzen erheben sich aufstrebend über die Sonnenblumen. Im Gegensatz dazu stehen die winkelig angeknickten Rohrkolben und davor gruppiert die flächigen Blüten der Sonnenblumen. Der Wahl des Materials entspricht die steinähnliche, mehrfach eingebuchtete, rustikale Schale.
Diese Komposition wurde nach linear-graphischen Regeln aufgebaut. Die drei Linien sind durch kontrastierende Pflanzen und Formen dargestellt. Die Shin-Gruppe besteht aus vier im Abstand von 2 cm auf gleicher Ebene stehenden Lampenputzergräsern. Jeweils zwei der Gräser haben die gleiche Länge. Die Rohrkolben stehen seitwärts leicht angeknickt davor. Ihre trokkenen Stiele, die der natürlichen Fettschicht entbehren, mußten zuvor im unteren Bereich etwa 5 cm hoch mit hellem Guttacoll abisoliert werden, da sonst die Gefahr besteht, daß sie im Wasser stehend langsam faulen. Der Abstand von der Spitze des Rohrkolbens bis zur Knickstelle ist bei allen künstlich angeknickten Kolben gleich, lediglich in der Länge von der Knickstelle bis zum Stielende sollte man variieren. Die gestuft eingesteckten goldgelben kleinen Sonnenblumen sind als ruhender Pol der formreichen Komposition zu sehen.

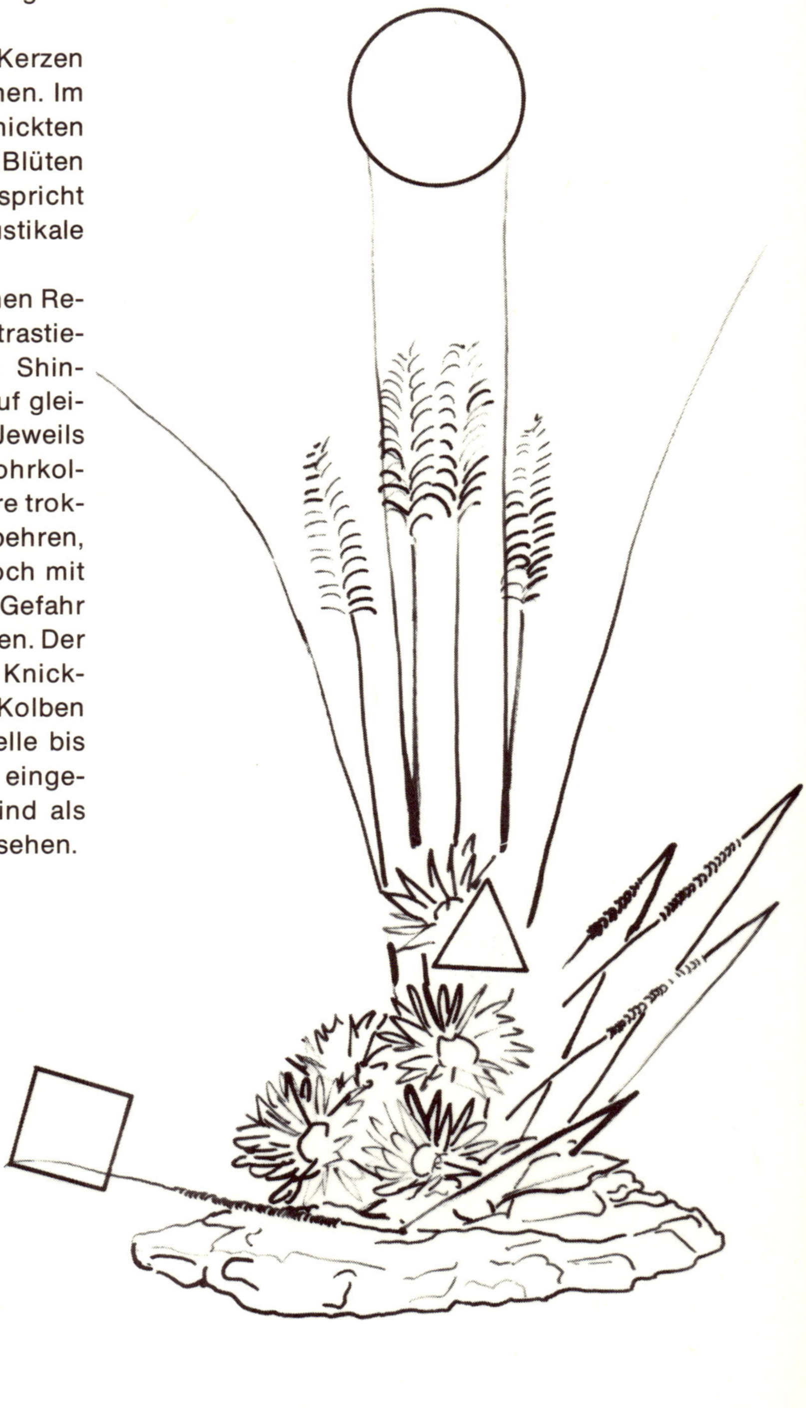

Erdgebundenheit

Material: Lauch *(Allium),*
Blätter der Schusterpalme *(Aspidistra),*
Meerlavendel *(Limonium sinuatum).*

Für die schweren großblütigen Alliumblüten kommt nur eine aufrechte Anordnung in Frage. Das von der Sonne, dem Wasser und vom Feuer geprägte Holzstück wirkt durch seine außergewöhnliche Struktur. Damit es auf dem 12 cm großen Igel befestigt werden konnte, wurde es am unteren Ende wabenartig eingesägt.

Will man schwerere Wurzeln oder Holzteile auf dem Igel befestigen, beginnt man ausnahmsweise mit dem Einarbeiten dieser Teile. Zunächst sollte man die Wurzel am unteren Ende wabenartig einsägen, damit sie eine größere Angriffsfläche und eine bessere Einschiebmöglichkeit für die Igelspitzen des Kenzans erhält. Darüber hinaus muß der untere, ins Wasser hineinragende Teil mit Bootlack ein- bis zweimal gestrichen werden, damit er sich im Wasser stehend nicht vollsaugt und zu faulen anfängt. In einem solchen Falle würden sich die abgesonderten Fäulnisbakterien auf die Haltbarkeit des Blumengesteckes negativ auswirken. Zweckmäßigerweise wird die Wurzel oder auch ein anderes Holzteil auf den Igel außerhalb der Schale aufgebracht. Hartholziges Material wird nötigenfalls durch Klopfen mit einem Holzhammer auf der unteren Kenzanfläche befestigt. Bei sperrigen oder besonders großen Ästen oder Wurzeln empfiehlt sich das Einspannen in einen Schraubstock. Entscheidend ist letztlich die standsichere Verbindung des schweren großflächigen Kenzans mit der entsprechenden Wurzel.
Jetzt werden die großblumigen kopflastigen Alliumblüten eingeordnet. Diese Lauchpflanze gibt es als Schnittblume in mehreren Arten. Am interessantesten sind die hier verarbeiteten Riesenalliumblüten von 10 cm Durchmesser. Diese prachtvollen kugelartigen Blumen mit den zahllosen blauen Blütensternen ergeben auch einen dekorativen Trockenblumenschmuck. Das von der Witterung in seiner Faserstruktur gezeichnete Holz ist der dominierende Faktor des Arrangements. Die Alliumblüten stellen im Verhältnis zum Holz das Gegengewicht dar. Ihre markigen langen Lauchstiele wurden durch Einführen von Zahnstochern verstärkt. Mitunter ist zur besseren Standfestigkeit der Stielenden auf dem Kenzan auch ein Verkeilen nötig.
Den besonderen Effekt bilden hier die drei Blätter der Schusterpalme. Jeder Ikebanameister betrachtet diese langstieligen eleganten Aspidistrablätter aufmerksam. Das längste wird leicht gedreht und direkt hinter der Wurzel eingesteckt. Es weist zu der oberen Dolde. Die Einsteckpunkte liegen so dicht nebeneinander, daß man den Eindruck gewinnt, als strebten die Blätter aus einer Pflanze hervor. Das zweite Blatt schwingt in eleganter Drehung vor der vorderen Dolde nach rechts. Die Blätter lockern so den etwas strengen Stil auf. Im Kontrast zu den kräftig wirkenden Komponenten steht die duftig anmutende zartlila Meerlavendelblüte. Leicht umspielt sie das Holz. Die über den Finger gerollten und gebogenen Blätter der Aspidistra deuten die drei Hauptlinien an. Die Basis wird durch zwei große, auf das Arrangement abgestimmte Steine betont.

Lautlos ist der Herbst erschienen.
Hat er nicht eben den Vorhang berührt?
Hattori Ranetsu

Die vereinfachte Form des Ikebana – der Duo-Stil

Ikebana gleicht sich dem Zeitgeist jeweils an, namentlich durch die ständige Weiterentwicklung bestehender Stile und Formen. Houn Ohara, der berühmte Meister und Leiter der Ohara-Schule in Kobe und Tokio, hat erst vor ein paar Jahren eine vereinfachte, verkleinerte Form der Ikebana-Kompositionen erdacht. Die konzipierten Regeln beziehen sich auf ein leicht zu erlernendes Ikebana mit nur zwei gegebenen Komponenten, einer ersten und einer zweiten Hauptlinie. Ohara hat diese beiden Linien Subjekt und Objekt getauft, vergleichbar mit Himmel und Erde bei der Sogetsu-Schule. Vorzugsweise verwendet man für diese neue Form einfaches und nicht zu aufwendiges Blumen- und Zweigmaterial. Mit anderen Worten: für große und kostbare Blumen ist dieser Stil weniger gedacht. So scheiden z. B. Strelitzien, Proteen, Heliconia und große Anthurien von vornherein aus.

Verwendung finden dafür wildwachsende Pflanzen, Gräser und Gartenblumen, wie z. B. Lilien, Gladiolen, Nelken, Rosen, Anemonen, Tulpen, Stiefmütterchen, Osterglocken, Goldlack, Schwertlilien, Astern, Dahlien, kleine Sonnenblumen, Glockenblumen, Ranunkeln, Salomonssiegel, Tausendschönchen, Bergkornblume, Levkojen, Enzian, Lupinen, kleine Alliumblüten, Astilben, Azaleen, Colvilleen, Skabiosen, Liatris, Gloriosen, Phlox, Ringelblumen, Geißbart, Cosmeen, Disteln, Tagetes, Bartnelken, Islandmohn, Sonnenhut, Edelweißmargeriten, Reseda, Eisenhut, Alpenveilchen, Chrysanthemen, Gerbera, Freesien und Amaryllis.

Generell kann jeder Igel, der in die Schale paßt, benutzt werden. Die für den Duo-Stil entwickelte dreieckige Igelform, die die halbmondförmige Schalenfläche in allen vorgesehenen Positionen genau ausfüllt, ist besonders geeignet.

Dieser neue Stil – auch Duo-Symbol-Stil oder englisch Small Form genannt – wurde, da er vorwiegend den modernen Wohnverhältnissen gerecht wird, hauptsächlich von jungen Menschen begrüßt. Nur selten werden heute noch die aufwendigen und zeitraubenden Formen wie z. B. Rikka in den Ausmaßen bis zu 2 m Höhe erstellt. Selbst die spätere vereinfachte Shoka-Form erscheint vielen Menschen zu kompliziert. Der Trend geht mehr zum schlichten natürlichen Stil bzw. zu ausgesprochen modernen Kreationen unter Verwendung von Glas und Kunststoffen.

Das neue Duo-Symbol-Ikebana ist ein besonders ansprechender Blumenschmuck, der leicht zu erarbeiten und als tägliche Zierde in der Wohnung ideal ist. Diese vereinfachte Ikebana-Form unterscheidet sich von den herkömmlichen bekannten Ikebana-Stilen dadurch, daß stets nur mit zwei Hauptlinien Subjekt und Objekt gearbeitet wird.

Dem im Ikebana erfahrenen Leser wird nicht entgangen sein, daß andere bekannte Schulen unter den Grundstilen in der Variation 4 oder dem Chabana (Blumen für den Tee) auch Formen kennen, die mit nur zwei Hauptlinien gearbeitet werden. Hierbei handelt es sich jedoch immer um die Ausnahme von der Regel. Im Gegensatz zu diesen Ausnahmen kann das Duo-Symbol-Ikebana sowohl im aufrechten als auch im geneigten Stil geschaffen werden und zwar so, daß das fertige Arrangement trotz asymmetrischen Aufbaus von allen Seiten ansprechend aussieht.

Der Duo-Stil wird vornehmlich in halbmondförmigen Schalen mit oder ohne Fuß gearbeitet. Verwendet werden können aber auch rechteckige, ovale, pilzförmige und runde Gefäße. Dabei soll der Durchmesser der Gefäße nicht mehr als 24 cm betragen. Bezeichnend für das Duo-Ikebana ist, daß es nur wenig Platz beansprucht, wodurch die schlichte Form seiner Linien einen eigenen besonders natürlichen Reiz ausübt.

Die leicht verständlichen einfachen Regeln des Duo-Stils umfassen vier Möglichkeiten, im einzelnen A-, B-, C- und D-Form genannt (und später erläutert), wobei die ersten beiden in aufrechter und die zwei weiteren in geneigter Ausführung gearbeitet werden und sich schnell erlernen lassen. Im Prinzip wird der Grundaufbau aller vier Stilarten, wie schon erwähnt, nur durch zwei Hauptlinien, nämlich Subjekt und Objekt, gebildet.

Die Position des Kenzans und der Neigungswinkel der längsten Hauptlinie Subjekt sind variabel, während die zweite Linie Objekt unverändert in Länge und Neigungswinkel der Hauptlinie zugeordnet wird und zwar in allen vier Varianten dieser Form. Das bedeutet, daß das Verhältnis der Längen der Linien Subjekt und Objekt zueinander gesehen konstant bleibt. Die Objekt-Linie entspricht immer einem Drittel der Subjekt-Linie. Die Position des Kenzans ist je nach Stilart verschieden und vorgeschrieben.

Die Ausgangsposition der Objekt-Linien im Verhältnis zur Subjekt-Linie ist in allen vier Formen gleich. Bei bleibendem Längenverhältnis zu Subjekt wird diese Linie immer mit 45 Grad nach vorn arrangiert. Der Wuchsform des pflanzlichen Materiales entsprechend wird dann die Blume oder der Zweig mit 20 Grad nach rechts oder links oder auch direkt nach vorn – also in einem Winkel von 0 Grad dem Beschauer zu – eingedreht. Schwenkt man also unter Beibehaltung der Neigung von 45 Grad diese Linie in einem gedachten Kreis in der Draufsicht um 20 Grad nach links oder rechts, so erhält man die beiden übrigen möglichen Positionen des Objektes. Zu beachten ist, daß als Objekt-Linie immer die am weitesten geöffnete Blüte oder der ausdrucksvollste Zweig verarbeitet wird. Die zugeordneten Hilfslinien, das sind Blumen und Zweige zum Ausfüllen des Arrangements, können durchaus länger als diese Objekt-Linie sein, unterliegen aber je nach Stil A, B, C oder D einer vorgeschriebenen Begrenzung ihrer maximalen Länge. Hierauf wird beim Beschreiben der einzelnen Grundformen näher eingegangen.

Bei der Auswahl der Pflanzen und Blumen ist darauf zu achten, daß die Subjekt- und Objekt-Linien die schönsten und ausdrucksvollsten Linien aufweisen, am interessantesten als Pflanze wirken. Hilfslinien dürfen in keiner Weise die Hauptlinien beeinträchtigen. Ihre Aufgabe besteht darin, die schönen Linien der Hauptpunkte Subjekt und Objekt zu unterstreichen. Dies ist eine allgemein geltende Regel im Ikebana.

Steine und schwere Materialien werden nicht zum Abdecken des Kenzans verwendet, da das grazile Gesteck sonst an Schönheit verliert.

Die A-Form – Shohin-kakei A

Schlank und aufrecht in verspielter oder auch strenger, an das klassische Ikebana anklingender Gestaltungsweise, so wird die A-Form des »Duo-Ikebana« gesteckt. Die wünschenswerten Maße und Ausdehnungen der Linien ergeben sich aus der über der Schale gedachten, zeichnerisch angedeuteten Kuppel oder auch »Glokke«. Für diese Form liegt der Igel immer in der Mitte der Schale, an den vorderen Gefäßrand anstoßend, so daß zunächst die Schalenfläche gleichmäßig aufgeteilt ist. Bei dem Kenzan, der speziell für den Duo-Stil entwickelt wurde, paßt sich der abgerundete Teil der Schalenform an, während die Igelspitze mit einem Winkel von 90 Grad nach hinten weist.
Die Subjektlinie erhält in der A-Form die größte Höhe, und zwar zweimal Durchmesser plus Höhe der Schale. Für diesen Stil werden vorwiegend halbmondförmige Schalen verwendet, wobei man nicht die Diagonale dem Durchmesser zugrunde legt, sondern von der größten Ausdehnung der Schale, der hinteren Gerade, ausgeht. Bei der Auswahl der Zweige oder Blumen für die Subjekt-Linie ist darauf zu achten, daß die Spitze grazil bleibt und im Verhältnis zu der zweiten Linie, dem Objekt, nicht zu schwer erscheint. Parallel gegabelte Zweige sind daher weniger geeignet. Nachdem die Subjekt-Linie (im Japanischen Shu, die längste Linie) zunächst 2 cm von der Igelspitze entfernt senkrecht aufgestellt wird, sollte man dann den dafür gewählten Zweig oder die Blume mit 15 Grad nach vorne neigen. Das Biegen der Zweige oder Blumen, soweit es das ausgewählte Material zuläßt, ist ausnahmslos bei allen Ikebana-Schulen üblich. Das Gleiche gilt für die Anschneidetechnik der Zweige im schrägen Verlauf. Bei starkstieligem Material ist ein zusätzliches Aufspalten der Stielenden empfehlenswert.
Besonders für die Darstellung der Subjekt-Linie sind Gladiolen, Löwenmäulchen, Colvilleen, Rittersporn, Eisenhut, Fingerhut, Calla, Lilien, Rosen, Iris, Tulpen, aber auch breites Schilf, Ginster oder Reisstroh geeignet.

In einem Abstand von 5 bis 7 cm in waagerechter Verschiebung auf gleicher Ebene wird nun die zweite, kürzere Hauptlinie, das Objekt, eingesteckt (im Japanischen Kyaku, Abschlußpunkt). Ihre Länge richtet sich nach der Subjekt-Linie und beträgt immer nur $1/3$ derselben. Dafür wählt man nach Möglichkeit voll aufgeblühte Blumen, um der schlanken aufwachsenden Hauptlinie ein entsprechendes Gegengewicht zu verleihen, so z. B. Pfingstrosen, gebündelte Stiefmütterchen, Mohnblumen, Rosen in gleicher Farbe.
Der Neigungswinkel wird mit 45 Grad nach vorn gezogen. Die Abweichung nach rechts oder links kann jeweils 20 Grad betragen. Dieser Spielraum wird dem Gestaltenden eingeräumt, um die Eigenart der Wuchsform der einzelnen Blume voll zur Geltung zu bringen.

Nachdem die beiden Hauptlinien feststehen und in einem Abstand von 5 bis 7 cm zueinander eingearbeitet wurden, wird der Grundaufbau ausgeschmückt, indem die Subjekt-Linie eine verstärkende Beilinie (Ashirai) erhält, die in der Regel aus gleichem Material wie die Hauptlinie gewählt wird. Je nach Ausdruckskraft der Subjekt-Linie wählt man die verstärkende Beifügung $1/2$ bis $3/4$ so lang. Wenn die Subjekt-Linie durch grazile Gräser dargestellt wurde, darf die Stützlinie sogar fast so lang sein wie die Hauptlinie. Wird die Subjekt-Linie durch ein ausdrucksstarkes Material dargestellt wie z. B. Lilien oder Calla, so soll die Stützlinie nur halb so lang sein. Um dem Arrangement eine gewisse Tiefe zu geben, wählt man eine zweite Beifügung, deren Länge dem Schalendurchmesser entsprechen kann, aber nicht muß. Sie wird so eingearbeitet, daß sie zu der Objekt-Linie einen optischen Ausgleich ergibt. Steht die Objekt-Linie also nach rechts gerichtet, weist die Stützlinie nach links. Sieht im umgekehrten Falle die Objekt-Linie nach links, weist die Beifügung nach rechts. Der Neigungswinkel dieser ausgleichenden Linie ergibt sich aus der gedachten Glocken-, Kuppel- oder Kegelform. Es entsteht also eine schlanke aufstrebende Form, wobei es dem Gestalter überlassen bleibt,

noch weiteres ausschmückendes Material einzuarbeiten, so daß sich auch von der Rückseite des Arrangements her ein abgerundetes Bild ergibt.
Bei der zweiten Hauptlinie, dem Objekt, ist zu beachten, daß generell keine Blume dem Beschauer weiter entgegenkommen darf als die eigentliche Objekt-Linie; lediglich auflockerndes Blattwerk darf diesen Punkt leicht umspielen. Im Hintergrund der Objekt-Linie sollte ebenfalls stützendes Beiwerk eingearbeitet werden, in der Regel aus demselben Pflanzenmaterial wie die Objekt-Linie. Das Auge des Beschauenden soll von der aufgeblühten Blume, die die Objekt-Linie darstellt, über die Tiefe der stützenden Linie zu der aufstrebenden Subjekt-Linie hingeführt werden und von daher das Arrangement erfassen.
Für die kleine Form des Duo-Ikebana darf man höchstens dreierlei Material verarbeiten, d. h. für Subjekt-Linie, Objekt-Linie und die stützenden Beilinien jeweils andersartige Pflanzen. In der Regel verarbeitet man jedoch nur zweierlei Material. Man hat jedoch auch die Möglichkeit, die Komposition aus ein und demselben Material zu gestalten.

Die B-Form – Shohin-kakei B

Der Schwerpunkt der B-Form liegt auf der rechten bzw. linken Seite der Halbmondschale, bedingt durch die Verschiebung des Igels auf eine der beiden Seiten. Demzufolge ergibt sich eine asymmetrische Anordnung der Linien unter Beibehaltung der aufrechten Form.
Die Subjekt-Linie erhält eine Größe von eineinhalb mal Durchmesser plus Höhe der Schale. Geht man über dieses Maß hinaus, wäre das Arrangement kopflastig; hält man sich jedoch an die vorgegebenen Regeln, so entsteht ein ausgewogenes Verhältnis zwischen Schalengröße und Arrangementhöhe. Bevor man nun die Linie des Subjekts einarbeitet, sollte man sie sorgfältig von allen Seiten betrachten. Daß die Blume oder der Zweig aufrecht und schlank gewachsen ist, ist sowohl in der A- als auch in der B-Form Voraussetzung. Bei genauerem Hinsehen stellt man fest, ob Blume oder Zweig nach links oder rechts tendieren.
Wenn die gewölbte Seite der Blume nach rechts weist, sollte der Igel in der Schale links plaziert werden. Man spricht dann von einem linksseitigen Arrangement (japanisch ›Hongatte‹ – der Igel steht links). Die Blume ist ebenfalls in der Schale links eingesteckt, wendet sich aber in ihrer Bewegung nach rechts, so daß der ungestaltete Raum der Schale, der mit Wasser gefüllt ist und das Meer andeuten soll, in das Arrangement einbezogen wird.
Gyakugatte – ein rechtsseitiges Arrangement – entsteht, wenn der Kenzan in der rechten Schalenhälfte liegt, die Linien der längsten Blume oder des längsten Zweiges, der für die Subjekt-Linie gewählt wurde, von rechts nach links gedreht ist und die konkave Seite nach links weist. Sobald der Hauptzweig, das Subjekt (japanisch ›Shu‹) auf dem Igel fest eingeordnet wurde, beginnt man mit dem Einarbeiten der zweiten Hauptlinie, dem Objekt (Kyaku). Diese Linie mißt ein Drittel der Subjekt-Linie und wird zunächst mit 45 Grad von der Senkrechten aus gesehen nach vorn dem Betrachter zugewandt und anschließend – je nachdem, wie die Linie des Subjekts eingearbeitet wurde – mit 20 Grad nach rechts oder links geschwenkt.
Nachdem die Hauptlinien arrangiert sind, werden die ausschmückenden, unterstützenden Linien eingeordnet. Eine wichtige Regel dafür lautet: Hilfslinien, japanisch Ashirai, dürfen die Hauptlinien in ihrer Bewegung weder einengen noch unterbrechen. Auch darf der Neigungswinkel nicht weiter nach vorn reichen als der der Linie des Objektes. Wenn der Igel links in der Schale steht und die Subjekt-Linie plaziert ist, sollte die erste Stützlinie rechts vom Objekt stehen und könnte leicht nach hinten geneigt sein. Die über der Subjekt-Linie angedeutete Kuppel zeigt die möglichen Längenmaße und Bereiche für Hilfslinien und ausschmückendes Material an.
Darüber hinaus gibt es noch weitere Richtlinien für die unterstützenden Punkte. Steht der Kenzan rechts in der Schale, wird von einem rechtsgerichteten Arrangement – also Gyakugatte – gesprochen; die Stützlinie steht links von dem Subjekt.
Die Erfahrung hat gelehrt, daß es dann harmonischer ist, nur die Hälfte der längsten Linie für den Stützzweig mit einer Neigung von 30 Grad seitwärts anzusetzen, so daß die noch freie Schalenhälfte mit in das Arrangement einbezogen wird. Es hat sich gezeigt, daß der Kenzan immer nur dann ganz rechts oder links in der Schale aufgestellt wird, wenn die Blumen, die man für die zweite Hauptlinie, das Objekt, gewählt hat, zart und klein sind. Bei Verarbeitung von Lilien, Amaryllis oder Calla ist es angebracht, den Platz des Igels aus der extremen Seitenposition etwas mehr nach der Mitte zu verlegen, damit dem Arrangement die Balance erhalten bleibt.

Besonnenheit

Material: Löwenmäulchen *(Antirrhinum),*
Pompondahlien *(Dahlia),*
Spierstrauchzweige *(Spiraea arguta).*

In der A-Form des Duo-Ikebana »Shohin-kakei«, dem Stil der kleinen Form, werden die Gestecke aus schlichten einfachen, nicht zu schweren Blumen gebildet. Dem Betrachtenden wird hier eine Ton-in-Ton-Komposition vorgestellt, deren Farbton sich von der Spitze bis zur Basis hin verdichtet und an Intensität zunimmt. Das aufrecht wachsende Löwenmäulchen bildet die Subjekt-Linie. Es wurde zunächst ganz gerade eingesteckt und anschließend mit 15 Grad nach vorn geschwenkt. Der Kenzan liegt bei der A-Form immer in der Schalenmitte und zwar an den vorderen Schalenrand anschließend. Auf gleicher Ebene im Abstand von 3 bis 5 cm wird nun die Objekt-Linie eingearbeitet. Sie sollte höchstens $1/3$ so lang sein wie die Subjekt-Linie. Sie kann aber – wenn sie kräftig ausfällt – im Verhältnis zur ersten Linie auch etwas kürzer gehalten werden. Die Objekt-Linie muß durch vollaufgeblühte Blumen dargestellt werden, als kräftiges Gegengewicht zu der lang aufstrebenden Subjekt-Linie. Es besteht gleichfalls die Möglichkeit, mehrere kleinblütige Blumen wie gebündelte Wicken oder Stiefmütterchen hierfür zu verwenden. Im Endeffekt soll das Arrangement so wirken, als ob Subjekt- und Objekt-Linie aus einem Wuchspunkt hervorgingen. Trotzdem muß genügend Platz zwischen diesen beiden Hauptlinien bleiben, um die verstärkenden Nebenlinien ohne direkte Berührungspunkte einarbeiten zu können.

Die Objekt-Linie erhält jetzt einen Neigungswinkel von 45 Grad nach vorn und kann je nach Wuchsform mit 20 Grad nach rechts oder wie im Beispiel nach links geneigt werden. Ein kleinblättriger Zweig des Spierstrauches unterstützt diese Linie und unterbricht gleichzeitig etwas den Schalenrand.

Nachdem die beiden Hauptlinien auf den endgültigen Positionen mit den vorgeschriebenen Neigungswinkeln eingearbeitet wurden, werden die unterstützenden Linien hinzugefügt.

Die unterstreichende Beilinie für die Subjekt-Linie muß immer etwas kürzer sein als die Hauptlinie. In dem Beispiel ist diese Stützlinie $3/4$ so lang wie die Subjekt-Linie. Das ist gleichfalls die Norm. Hinter der Objekt-Linie wird ebenfalls eine verstärkende Pompondahlie in gleicher Farbe eingearbeitet. Eine weitere Dahlie, unterstützt von einem Zweig des Spierstrauches, steht neben der Subjekt-Linie, um dem Arrangement Tiefe zu geben. Das stark geneigte, dem Beschauer zugewandte Löwenmäulchen deutet die seitliche Ausdehnung der A-Form an. Diese kann von der Schalenmitte aus gemessen $1/2$ von der Subjekt-Linie betragen. Der Kenzan wird zum Schluß mit kurz eingesteckten Blättern weitgehend verdeckt. Steine oder Muscheln kommen im Duo-Stil nicht zur Verarbeitung.

Ein Duo-Ikebana soll ein Spiegelbild der Natur sein. Deshalb gelten alle Regeln nur als Anregungen für den Gestaltenden, die er benützen kann, um weitestgehend seine eigenen Ideen zu verwirklichen.

Warum erhebt ihr Blumen
euer Gesichtchen
immer zu Sonne?

Urban

Duo in B

Material: Zwerggladiolen *(Convillea),* Astern *(Aster),* Goldraute *(Solidago)*

Schlicht und doch ansprechend wirkt die vereinfachte Ikebana-Form des Duo-Stils hier in der aufrechten B-Form. Bescheiden in der Wahl des Materials, einfach im Aufbau und raumsparend im Hinblick auf die Gefäßgröße. Die halbmondförmige Schale bietet viele Anordnungsmöglichkeiten.

Die Anfangsbuchstaben des Alphabetes wurden den vier Formen des Duo-Ikebana zugrunde gelegt, wobei A und B immer im aufrechten Stil gestaltet werden. Bei der Wahl des Materials ist darauf zu achten, daß die Hauptlinie, das Subjekt, auch für eine solche aufrechte Anordnung geeignet ist. Alle gerade gewachsenen Zweige kommen in Frage, ebenso Iris, Schwertlilien, Convilleen, Gladiolen, Löwenmäulchen, Lupinen, Rittersporn, Gräser, Calla, Lilien, Sansevierien, Aspidistrablätter, eventuell Tulpen u. ä. Blumen.

In dem vorliegenden Beispiel wurde für die Subjekt-Linie eine ausdrucksvolle Convillee gewählt. Da die Astern von der Form her etwas schwerer sind als beispielsweise gebündelt angeordnete Wicken oder Margeriten, wurde der Igel leicht von der linken Seite zur Mitte hin gezogen. In den markigen Stiel der Convillee wurde von unten her ein Zahnstocher eingeschoben, damit die Blume sicher auf dem Igel steht.

Die nächste Hauptlinie, das Objekt, mißt wie immer $1/3$ der Subjekt-Linie. Sie wird auf gleicher Ebene in einem geringen Abstand von der ersten Hauptlinie eingesteckt, dann mit 45 Grad nach vorn und, je nachdem, wie die Subjekt-Linie arrangiert wurde, mit 20 Grad nach rechts oder links geneigt. In diesem Falle weist die dafür gewählte Aster mit ihren gelben Kernen nach rechts vorn und wird leicht untermalt von einem Zweig der Goldraute.

Hinter der zweiten Hauptlinie steht als Stützlinie eine weitere Aster. Die dritte weist nach links, um den Aufbau nicht zu flach erscheinen zu lassen. Betont wird die Objektgruppe von einigen Zweigen der Goldraute, die aber gleichzeitig auf die Stützlinie des Subjektes, der zweiten Convillee, Bezug nehmen, deren Länge die Hälfte der Subjekt-Linie ist und die sich nun zu der leeren Schalenseite hinneigt und gleichzeitig leicht nach hinten schwenkt, um dem Arrangement eine gewisse Tiefenwirkung zu geben.

Die goldgelbe Schale harmoniert farblich mit den Astern und der Goldraute. Sie leitet über zu den rosafarbigen Convilleen, einer außerordentlich beliebten Farbkomposition der Japaner.

Der Herbstwind bläst.
Wir leben und können
einander sehen, du und ich.
Shiki

Die C-Form – Shohin-kakei C

Die Grazie der Bewegungen von Linien in hängenden, schwingenden oder geneigten Anordnungen läßt sich in der C- und D-Form am besten wiedergeben. Die Maße für die C-Form liegen genau wie bei der B- und D-Form mit 1½ mal Durchmesser plus Höhe der Schale fest. Der Kenzan oder Igel wird im vorderen linken oder auch rechten Schalenbereich aufgestellt.

Zunächst ist der Zweig für die Subjekt-Linie auszuwählen. Er sollte eine natürlich geschwungene Bewegung haben oder aus gut formbarem Material bestehen. Weide, Cornus, Kiefer, Ilex, Cotoneaster, Lonicera, Blüten- oder Beerenzweige sind besonders geeignet. Die dominierende Hauptlinie wird nun mit 70 bis 80 Grad von der Senkrechten gesehen seitwärts geneigt und, falls erforderlich, durch spitzwinklige Keile im unteren Bereich verstärkt und abgefangen, dann mit 30 Grad nach vorn dem Beschauer zugewandt.

Die zweite Hauptlinie, das Objekt, steht immer in einem Verhältnis von ⅓ zum Subjekt und wird direkt vor dieser Linie in einer Entfernung von ca. 1½ cm mit 45 Grad nach vorn geneigt. Im Anschluß daran wird diese Linie je nach Wachstumsform mit 20 Grad nach rechts oder links eingesteckt.

Die nun für die Subjekt-Linie einzuarbeitenden zwei Hilfslinien sind in ihrer Bewegung von der zu unterstützenden Hauptlinie abhängig. Die längere der beiden darf aber nicht höher sein als die Hälfte der Subjekt-Linie und wird meistens in die Mitte des Kenzans gesteckt. Die am weitesten nach vorn oder hinten weisende zweite Hilfslinie ist in der Regel nur ⅓ so lang wie die Subjekt-Linie und sollte keinesfalls den Neigungswinkel der Objekt-Linie überschreiten.

Die Objekt-Linie wird nur von einer Blume gebildet und von weiteren Blumen unterstützt, während die Subjekt-Linie, besonders in der geneigten Form, vorzugsweise mit grazilen Zweigen gestaltet wird. Großblättrige oder zu dicht belaubte Zweige sind ungeeignet.

Die D-Form – Shohin-kakei D

Im Ikebana der kleinen Form, dem »Duo-Stil«, ist die Variante D verhältnismäßig flächig und ausladend. Für die längste Linie, das Subjekt, wird nur 1½ mal Durchmesser plus Höhe der Schale zugrunde gelegt. Das bedeutet, daß die von Ohara für diesen Stil entwickelte Halbkreis-Schale mit einem Durchmesser von 24 cm und einer Höhe von 9 cm eine Länge von 40 cm für den Hauptzweig benötigt. Diese Subjekt-Linie wird zunächst von der gedachten Senkrechten mit 70 bis 80 Grad seitwärts geneigt. Falls Zweig oder Blumen, die für diese Linie verwandt werden, bei so starker Neigung nicht einwandfrei stehen, muß das Pflanzenmaterial mit einem hölzernen Keil abgefangen und abgestützt werden. Dünn- oder hohlstielige Pflanzen kann man mit einem Zahnstocher oder einem Streichholz durch Einführen in oder Anwickeln an den unteren Stielteil verstärken. Erst jetzt wird diese Subjekt-Linie mit 45 Grad nach hinten geschwenkt. Dadurch erhält das Arrangement die gewünschte Tiefenwirkung. Erwähnt sei hier noch, daß man bei der D-Form auch die Möglichkeit hat, die Hauptlinie auf nur 60 Grad (von der gedachten Senkrechten 0 Grad-Linie) zu senken. Bei dem vorliegenden Beispiel wurde von dieser Variante Gebrauch gemacht.

Der Kenzan wird immer seitwärts in der rechten oder linken Schalenhälfte angeordnet, je nachdem, nach welcher Seite hin die Hauptlinie schwingt. In der Abbildung steht das Kreissegment des Kenzans in der linken Schalenhälfte. Die Subjekt-Linie neigt sich entsprechend nach rechts.

Die zweite gegebene Linie, das Objekt, mißt immer nur ⅓ der Subjekt-Linie. Sie wird zunächst je nach Wuchsform des Zweiges bzw. der Blume mit 45 Grad von der Senkrechten ausgehend nach vorn geneigt, dann mit 20 Grad nach rechts oder links gerichtet.

Die verstärkenden oder Stützlinien werden unter folgenden Gesichtspunkten beigeordnet: Ihre Länge darf die Hälfte der Subjekt-Linie nicht überschreiten. Sie dienen in erster Linie dazu, die Subjekt-Linie zu untermalen, d. h. diese Hauptlinie kann durchaus zwei verstärkende Beilinien, japanisch Ashirai, erhalten. Eine davon darf in der Mitte des Kenzans stehen. Die zweite Stützlinie sollte nicht länger sein als ⅓ der Subjekt-Linie. Diese Linie kann leicht nach vorn geneigt werden. Wichtig ist, daß man die Objekt-Linie hierdurch nicht beeinträchtigt.

Wie der erste Schnee
der Narzissen zartes Blatt
eben leicht verbog ...

Bashô

Symbolik der Ikebana-Sprichwörter

Obwohl die meisten Ikebana des heutigen modernen Japans frei von symbolischen Bedeutungen sind, finden wir bei traditionsgebundenen Fest- und Feiertagen doch noch eine ganze Reihe von Ikebana-Kompositionen, die nicht nur die Liebe des japanischen Volkes zur Natur ausdrücken, sondern auch einen tief innerlichen Wert haben, der auf symbolischen Vorstellungen beruht. Ein Neujahrsfest ohne Kiefer, Bambus und Zierkirsche ist für viele Japaner auch heute noch undenkbar.

»Wacht auf, ihr Herzen und öffnet euch den guten Wünschen, die diese Dreiheit bringt!« sagt ein japanisches Sprichwort.

Die Kiefer spricht: »Möge euer Glück so beständig sein, wie das Grün meines Mantels, und mögen eure Freunde so zu euch stehen, wie ich dastehe, beständig gegen alle widrigen Stürme der Welt.«

Der Bambus sagt: »Euer Leben sei dauerhaft wie das meinige. Möge das Dasein euch Freude in Überfülle gewähren.«

Die Zierkirsche wünscht: »Mögen euch Hoffnungen erstehen, frisch und kraftvoll wie die jungen Schößlinge, die aus meinem knorrigen Stamm treiben. Möge euer Leben in Lieblichkeit erblühen.«

Und so verkündigen die drei Gefährten cho-chiku-bai ein neuerstandenes Jahr in Kraft, Fülle und Schönheit.

In Anlehnung an dieses älteste Neujahrsgesteck werden auch mitunter nur Kiefern und Rosen bzw. Aprikosenblüten mit Rosen arrangiert. Von religiösem Glauben zeugen die Neujahrsgestecke, bei denen Kiefernzweige mit goldenen und silbernen, besonders gefalteten, nach altem Ritus verschlungenen Wunschzetteln behangen werden.

Ausgesprochen liebenswürdig zeigt sich die Blumensprache in den drei folgenden Beispielen, die wohl im Leben aller Menschen eine große Rolle spielen:

Fünf rote Rosen und Zweige der Edelberberitze bedeuten: »Ich liebe dich.«

Eine weiße und eine rote Anthurie mit zwei Ästen einer Kiefer verkünden: »Ich bin wunschlos glücklich!«

Zur Versöhnung nach dem Ehekrach bügelt eine grünrosa geflammte Anthurie, zusammen mit Sansevierienblättern, alles wieder glatt. Dieses Arrangement besagt nämlich: »Eine Blüte läßt das Unwetter vergessen.«

»Hanami«, das Blumenbeschauen, wird geschätzt bei jung und alt. Die Tage der Kirschblüte sind in diesem blumenfreundlichen Land seit Generationen zum Volksfest geworden. Sie verkörpern nicht nur ein nationales Wahrzeichen, sondern sollen neben Schönheit und Lieblichkeit dieses Blütenreichtums den Menschen an seine irdische Vergänglichkeit erinnern. Durch ihre schnell welkende Pracht vermitteln sie uns den Rat: »Wenn sich dein Leben nach strahlendem oder freudvollem Aufstieg dem Ende zuneigt, gib es fröhlich hin und füge dich leichten Herzens in den Willen der Götter.«

Am 3. März wird der Tag des Mädchens gefeiert, der mit dem altjapanischen Brauch des Puppenfestes verbunden ist. In feierlichen Anordnungen sieht man an vielen öffentlichen Orten Puppen in Gestalt des Kaiserpaares und des ganzen Hofstaates stufenartig nach Rang und Namen aufgebaut.

In den gleichen Monat fällt auch das Fest der Pfirsich- und Mandelblüte. Um das Zarte und Mädchenhafte auszudrücken, werden blühende Zweige dieser Bäume mit gelben Osterglocken oder Tulpen zusammengesteckt.

Der 5. Mai ist den Knaben gewidmet. Jede Familie, die ein, zwei oder mehrere Söhne hat, gibt dies voller Stolz kund, indem sie die entsprechende Anzahl bunter Stoffkarpfen flaggt.

Die symbolischen Gestecke für diesen Tag werden mit blauen Iris gebildet. Sie versinnbildlichen Vaterlands-

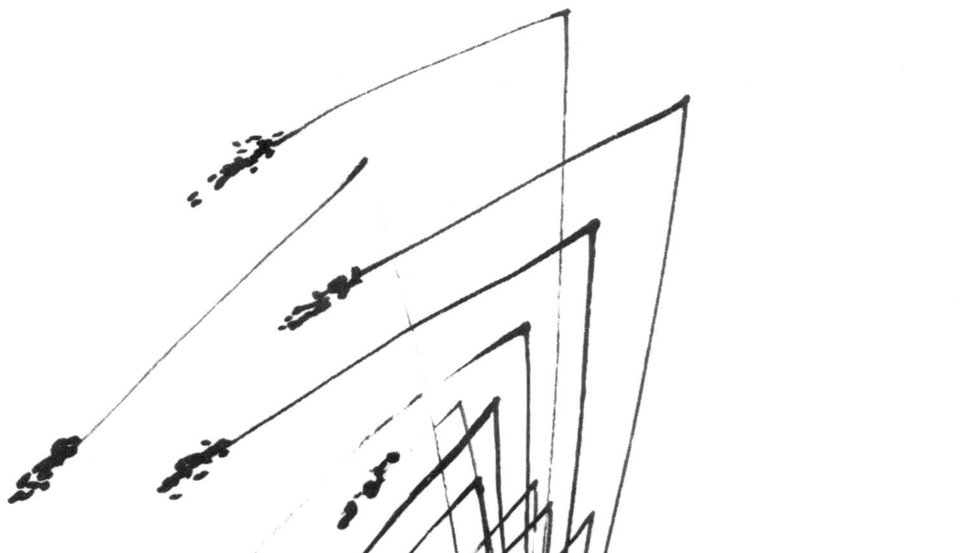

liebe und Mut. Die länglichen Blätter dieser Blumen erinnern an ein Schwert, und der lange gerade Schaft soll den gradlinigen Charakter darstellen.
Für festliche Anlässe, wie Hochzeiten, wird die Verwendung von Blumen, deren Blütenblätter schnell abfallen, wie die in Japan sehr beliebten Kamelien- oder Kirschblüten - vermieden, denn sie symbolisieren ein plötzliches, unerwartetes Ende. Da die Zahlen vier und sechs in der japanischen Sprache unliebsame Bedeutung, wie Tod, Nutzlosigkeit und Vergänglichkeit haben, meidet man sie generell in jeder japanischen Blumenanordnung.
Lotosblüten sind dem Buddha geweihte Blumen und werden für irdische Feste nicht benutzt. Chrysanthemen, Pfingstrosen, Orchideen oder Rosen in Verbindung mit Kiefern oder Aprikosenblütenzweigen finden hingegen oft Verwendung.
Viele Länder haben ihre Nationalblume und eine eigene, der Geschichte und Volksmentalität entsprechende Symbolik für verschiedene Blumen. Es hat wohl kein Volk eine so ausgeprägte Blumensprache wie das japanische.

Vollendung

Material: Pampasgras *(Cortaderia selloana),* Alpenrose *(Rhododendron)* in herbstlicher Färbung, Chrysanthemen *(Chrysanthemum).*

Der König unter den Gräsern ist das Pampasgras mit seinen langen weißen Federrispen. In seiner Schönheit beherrscht es einen weiten Umkreis. Es sollte nach dem Schnitt noch 14 Tage im Wasser stehen, damit es sich voll entfalten kann. Dabei empfiehlt es sich, die unteren Stiele etwas mit Guttacoll abzuisolieren, damit sie im Wasser nicht weich werden. Es versteht sich von selbst, daß Pampasgras immer lang und in aufrechter Anordnung dargeboten werden muß. Die begehrten Schmuckgräser ergeben auch für alle Trockengestecke einen interessanten Rahmen.

Die Linie Shin wird hier durch das längere Pampasgras gebildet, dessen Länge im Verhältnis zur Schalengröße 3mal Durchmesser plus Höhe der Schale festgelegt wurde. Der zweite davorstehende Pampasgraswedel ist eine stützende Beilinie zu dem ersten Hauptpunkt. Die zweite Linie Soe wird hier dargestellt durch einen schwungvoll angeordneten gelichteten Rhododendronzweig, der mit 75 Grad nach rechts weisend dem Arrangement viel Raum gibt. Das Feld zwischen Shin und Soe ist hier mit Beilinien des gleichen Materials ausgeschmückt. Der gleichmäßig rotgefärbte Laubzweig ist für das Auge eine Wohltat, besonders in Kombination mit den silbrig glänzenden Pampasgräsern und den gelben Sonnen der Chrysanthemenblüten. Letztere stellen die Linie Hikae dar, hier mit 45 Grad nach vorn links weisend.

Um diese Blüten möglichst lange zu erhalten, wurden ihre Stiele nicht mit der Schere beschnitten, sondern unter Wasser angebrochen. Dadurch ergibt sich eine ungleichmäßige Aufnahmefläche für das Wasser. Chrysanthemenblätter sollte man nach Möglichkeit belassen, da die Pflanzen sie zur Assimilation brauchen. Es empfiehlt sich, das bunte Laub sofort etwas mit einem billigen Haarspray einzusprühen, damit es so lange wie möglich erfreut. Die Pampasgräser werden erst mit Haarspray besprüht, wenn sie noch weiter aufgegangen sind und dann aus dem Wasser entfernt bzw. in einem zweiten wasserleeren Gefäß arrangiert werden. Der Kenzan wurde in dem Arrangement durch Steine und z. T. auch durch Laub verdeckt. Das Gefäß besteht aus zwei zusammengesetzten ovalen Schalenformen mit vier Beinchen. Dadurch wirkt die schwarze Schale nicht schwer und drückend.

Das Ganze wurde im aufrechten Stil der Variation Nr. 2, dem »Berg- und Talstil« gestaltet. Die schwungvolle Linie des Laubzweiges ergibt einen schönen Ausgleich zu den schlank und gerade aufwachsenden Pampasgräsern. Die Soe-Linie ist in diesem Arrangement der akzentuierende Punkt. Der Raum für die Gedanken ist in der leicht nach innen gebeugten Linie zwischen dem höchsten Pampasgraswedel und der äußersten Spitze des Rhododendronzweiges zu sehen.

Sie sagten kein Wort,
der Scheidende, der Bleibende,
die weiße Chrysantheme.

Ryōta

Aufforderung zum Tanz

Material: Rosen mit Rosenblättern *(Rosa)*, Eukalyptus-Fruchtstände *(Eucalyptus)*, Gartencinerarie, Greiskraut *(Senecio cruentus)*.

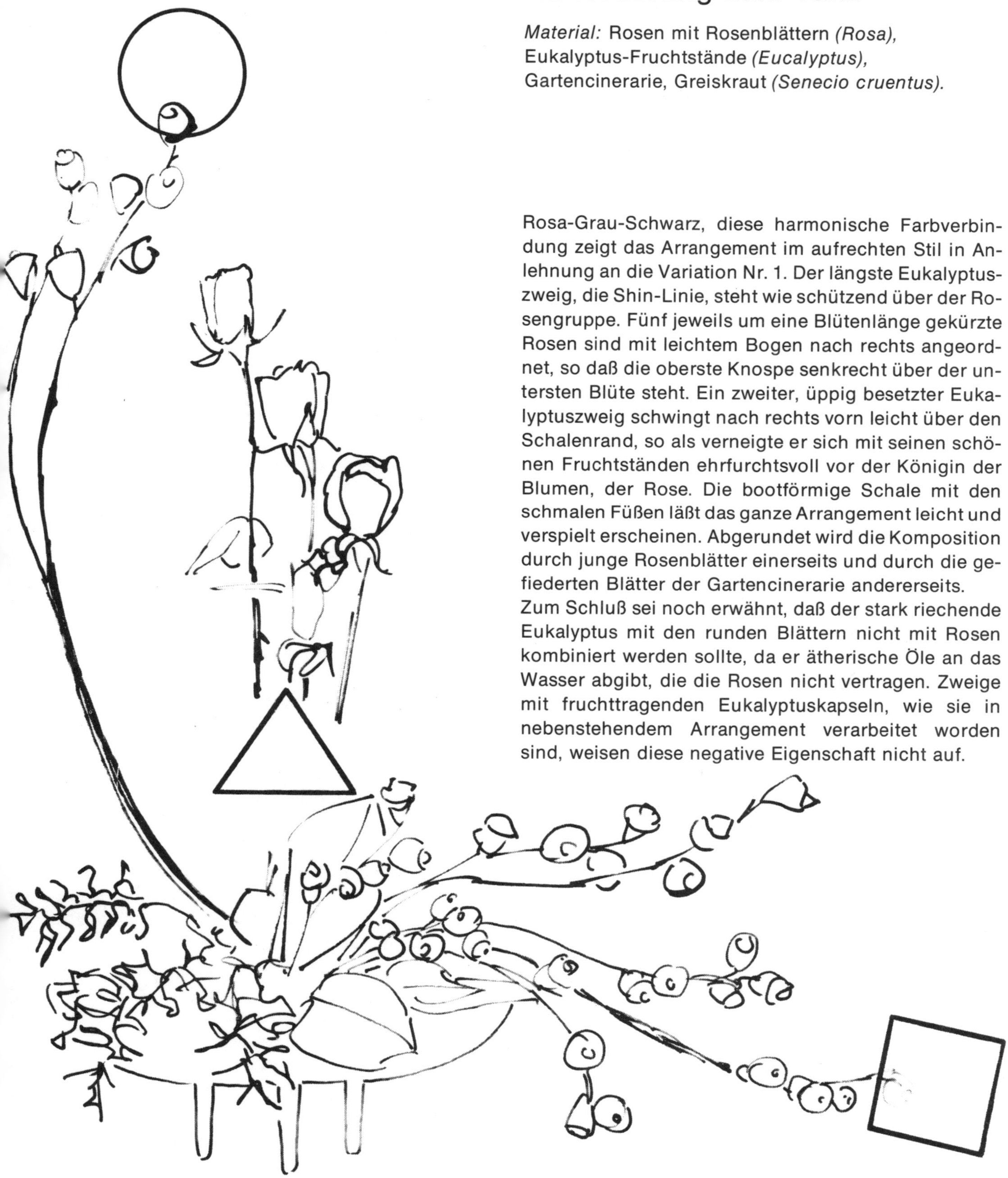

Rosa-Grau-Schwarz, diese harmonische Farbverbindung zeigt das Arrangement im aufrechten Stil in Anlehnung an die Variation Nr. 1. Der längste Eukalyptuszweig, die Shin-Linie, steht wie schützend über der Rosengruppe. Fünf jeweils um eine Blütenlänge gekürzte Rosen sind mit leichtem Bogen nach rechts angeordnet, so daß die oberste Knospe senkrecht über der untersten Blüte steht. Ein zweiter, üppig besetzter Eukalyptuszweig schwingt nach rechts vorn leicht über den Schalenrand, so als verneigte er sich mit seinen schönen Fruchtständen ehrfurchtsvoll vor der Königin der Blumen, der Rose. Die bootförmige Schale mit den schmalen Füßen läßt das ganze Arrangement leicht und verspielt erscheinen. Abgerundet wird die Komposition durch junge Rosenblätter einerseits und durch die gefiederten Blätter der Gartencinerarie andererseits.
Zum Schluß sei noch erwähnt, daß der stark riechende Eukalyptus mit den runden Blättern nicht mit Rosen kombiniert werden sollte, da er ätherische Öle an das Wasser abgibt, die die Rosen nicht vertragen. Zweige mit fruchttragenden Eukalyptuskapseln, wie sie in nebenstehendem Arrangement verarbeitet worden sind, weisen diese negative Eigenschaft nicht auf.

Das erzählende Ikebana – Boote

Die vielschichtige symbolische Bedeutung der Boot-Gestecke, um die sich in Japan zahlreiche Legenden ranken, gehört mit den Monddarstellungen zu den ältesten Motiven der Ikebana-Kunst. Sie sind gleichzeitig Ausdruck für die enge Naturverbundenheit des fernöstlichen Menschen.

Traditionelle Bräuche spielten beim Bau eines Bootes eine wichtige Rolle, so z. B. das Aufstellen eines Wimpels als Dank an die Berggottheit für das Holz. Höhepunkt aller Riten war das »Beseelen« des Bootes, um sich die Gunst der Schutzgötter zu erbitten.

Jahrhunderte hindurch waren Meeresfrüchte die Hauptnahrungsmittel des japanischen Volkes. Mit primitiven Einbaumbooten mit Rudern fuhren die Fischer weit ins Meer hinaus.

Bis zum heutigen Tage werden die Ikebana-Schalen speziell für die Boot-Arrangements vorzugsweise aus Holz gefertigt. Ein handgeschnitztes Stück Kampferholz in Bootform wird in der Mitte mit einem Kupfereinsatz zur Wasseraufnahme versehen, oder man verwendet ein Bambusrohr mit Wurzelansatz, dessen Hohlraum das Einarbeiten eines entsprechenden Messing- oder Kupfereinsatzes begünstigt. Um dem unschönen Platzen des Bambusrohres vorzubeugen, wird die Innenfläche, die eventuell mit Feuchtigkeit in Berührung kommen kann, mit Teer behandelt. In den letzten Jahren sind diese Bootformen sehr teuer geworden. Auf dem Markt findet man daher auch Bootkörper aus gespaltenen Bambusrohrstücken in Verbindung mit dünnen Bambusrohren oder sandgestrahlte, geflammte Kampferholzbretter, die zu kleinen Fischernachen zusammengesetzt werden.

Geeignet sind aber auch rustikal aufgebaute schmale und langgestreckte Keramik- oder Bronzegefäße.

Die Bootform sollte möglichst aus natürlichem Material bestehen, wobei das für die Wasserversorgung der Pflanzen einzustellende Gefäß denkbar klein sein müßte, um die Wasserfläche unbetont zu lassen. Sichtbares Wasser ist ein Sinnbild für ein sinkendes Boot.

Das ausfahrende Boot – Defune

Hoffnung und Vertrauen auf eine glückliche und erfolgreiche Rückkehr sind Ausdruck dieses Arrangements. Majestätisch verläßt das ausfahrende Boot den Hafen. Der Bug zeigt nach links, die Segel sind gesetzt. Sie werden durch die Linien Shin, Soe und Hikae verdeutlicht.

Bei den Bootgestecken liegt der Kenzan immer in der Mitte der Schale. Die Art der Verarbeitung ist typisch für den klassischen Stil. Der aufrechte Grundstil, der in seinen Proportionen und Winkeln dieser Anordnung genau entspricht, wirkt durch die Neigung der Winkel in drei verschiedene Richtungen jedoch völlig anders. Shin mißt mindestens $1^1/_2$ bis 2 mal Durchmesser plus Höhe des Gefäßes. Diese Linie verläuft von der hinteren Mitte des Kenzans in einem Neigungswinkel von 5 bis 10 Grad zur Senkrechten. Soe, $^3/_4$ so lang wie Shin, wird auf gleicher Ebene links von Shin im 45 Grad-Winkel gesteckt und stützt so die erste Linie. Hikae, $^3/_4$ oder nur $^1/_2$ so lang wie Soe, wird rechts von Shin zur vorderen Seite hin mit 75 Grad eingeordnet.

Zur vertrauten Dreiteilung der Linien gesellen sich als neues Element die Ruder, durch Jushi verkörpert. Sie sollen $^3/_4$ so lang wie Soe sein und mit 110 Grad Neigung über den Rand des Bootes hinausreichen. Die Spitzen des hierfür verwendeten Materials sollten stets nach oben gebogen sein, um die Berührung der Ruder mit der Tischfläche zu vermeiden; es könnte sonst der Eindruck eines ankernden oder gar sinkenden Bootes entstehen. Aus dem selben Grund bekommt das Arrangement auch keine Unterlage.

Bei dem zur Ausfahrt bereiten Boot sollte der Wind zu spüren sein, der in Kürze die Segel blähen wird. Im übertragenen Sinn heißt das, der Hoffnung auf etwas Neues, z. B. auf ein neues Jahr oder einen neuen Lebensabschnitt Ausdruck zu verleihen oder auch gute Wünsche für die Reise eines scheidenden Gastes zu übermitteln.

Die *Materialvorschläge* beziehen sich vorwiegend auf die Hauptlinien Shin und Soe, sind jedoch, soweit sie die Blätter betreffen, auch für die Linie der Ruder zu verwenden. Es eignen sich Aspidistrablätter, Sansevierien, Palmenfruchtstände, Neuseelandflachs, Jucca, Schilfblätter, Schwertlilienblätter, Tamarisken, Bambus, Lonicera, Liguster, Rittersporn, Eisenhut, Gladiolen, Salomonssiegel, Lupinen, Strelitzien, Nachtkerzen, Eremurus, Königskerzen, Malven, Geißbart und Astilben.

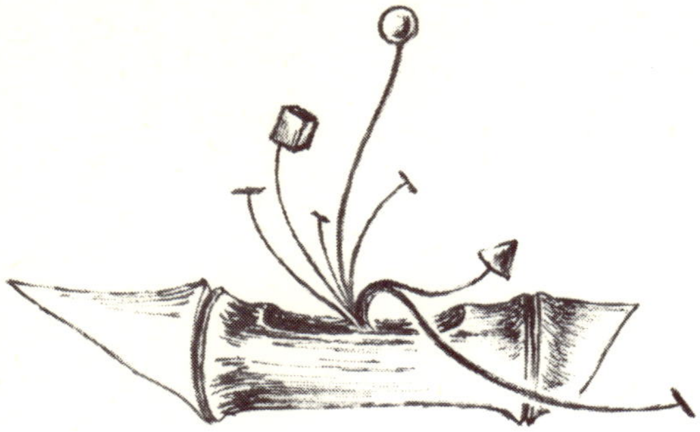

Das heimkehrende Boot – Irefune

Dreht man das ausfahrende Boot um, so daß der Bug nach rechts gerichtet ist, stellt sich das heimkehrende Boot dar. Die Segel Shin und Soe sind, wie beim ausfahrenden Boot hintereinander gesteckt, und zwar Shin mit 15 Grad zur Senkrechten, Soe, 3/4 so lang wie Shin, mit 45 Grad Neigung hinter Shin. Beide Linien weisen nach rechts. Hikae, etwa halb so lang wie Soe, mit 75 Grad nach links angeordnet, sowie die Jushis stellen beim heimkehrenden Boot die Fülle der geladenen Fracht dar. Sie werden deshalb in der Farbe kräftig und in der Form schwer gestaltet. Das Ruder, vor Hikae mit 110 Grad eingesteckt, wird in elegantem Schwung so gebogen, daß es zwar bis zur Tischfläche reicht, aber nicht aufliegt. Seine Spitze muß nach oben zeigen.
Materialvorschläge für Shin, Soe und die Ruder: Kiefer, Lärche, Euphorbien, Mandelbaumzweige, Salomonssiegel, Rittersporn, Hagebuttenzweige, Cotoneaster.
Materialvorschläge für Hikae: Amaryllis, orangefarbige Gerbera, blaue Anemonen oder rote Tulpen, Hortensien, Mohn oder Gerbera, Margeriten, Chrysanthemen, Astern oder Dahlien. ▷

Das im Nebel fahrende Boot – Oki-orai

Als Mahnung zu Geduld und Umsicht gilt das Boot im Nebel. Es muß vorsichtig gesteuert werden, um einen Zusammenstoß zu vermeiden. Die Hauptlinien sind genauso angeordnet wie beim ausfahrenden bzw. heimkehrenden Boot. Von dem im Nebel fahrenden Boot sind nur noch die Konturen zu erkennen. Diese Vorstellung ist natürlich bei der Auswahl des Materials zu berücksichtigen. Hikae und Jushis werden von Nebelschwaden umgeben, die aus zartem, füllendem Material zu gestalten sind.
Materialvorschläge für die Linien Shin und Soe: Pampasgras, weiße Euphorbienzweige, Miscanthus, weiße Astilben, blühende Kirschzweige, gebleichte Aspidistrablätter, aufgesteckte Magnolienblätter, Schneebeerenzweige, gebleichtes Reisstroh, Geißbart, weißer Flieder, gebleichte Palmwedel, Tamarisken, Spiraeen.
Die Linie Hikae wird aus Blumen dargestellt: Gerbera, Rosen, Lilien, Margeriten, Anemonen, Freesien, Levkojen, Zinnien, Astern, Dahlien, Skabiosen oder Nelken.
Für den Nebel, der diese Blumen verschleiert, nimmt man: Mimosen, Schleierkraut, Asparagus, italienischen Ginster, Steinbrech, Spiraea arguta oder Mistelzweige.

Das Boot im Sturm oder das schnell segelnde Boot

Durch die stark gebogene Linienführung ist das Boot im Sturm besonders aussagekräftig. Es vermittelt den Eindruck der aufgewühlten See. Die Linie Shin ragt mit der Spitze um etwa 1/3 ihrer Gesamtlänge über die Mittellinie hinaus gegen die Fahrtrichtung. Dabei mißt sie mindestens 2 mal Durchmesser plus Höhe der Schale und wird zunächst mit 45 Grad auf den Kenzan eingesteckt, dann so stark gebogen, daß sie von der imaginären Senkrechten 5 bis 15 Grad nach vorn geneigt ist. Im Idealfall zeigt die Spitze leicht nach oben. Soe, 3/4 so lang wie Shin, wird mit 45 bis 55 Grad angeordnet und unterstreicht links von Shin auf gleicher Ebene die Linie des ersten Segels. Hikae neigt sich mit 75 Grad Shin und Soe entgegen. Alle unterstützenden Linien werden klein gehalten und folgen ebenfalls der Shinlinie. Das nach vorn weisende Ruder fängt den Schwung von Shin auf und vervollständigt das Arrangement.
Materialvorschläge: Nur gut biegbares Material kommt für die Linien Shin, Soe und das Ruder in Frage, z. B.: Ginster, Reisstroh, Lonicera nitida, blühende Kirschzweige, roter Cornus, aufgesetzte Magnolienblätter, Weide, Kiefer, von Natur aus krumm gewachsene Zweige von Bänderweide, Lärche, Cotoneaster, Eukalyptus, Jelängerjelieber (Lonicera) und Buddleja.

Das Boot im Hafen oder das ankernde Boot – Oki-fune

Während sich alle anderen Boote in voller Aktion zeigen, ruht dieses Boot im Hafen. Die Segel sind gerefft, die Masten ragen kahl gen Himmel. Ruhe und Sicherheit mischen sich mit der Erwartung einer neuen Ausfahrt. Shin zeigt senkrecht nach oben und bildet mit Soe und Hikae eine geschlossene Einheit. Die Linie Shin mißt zweimal Durchmesser plus Höhe des Gefäßes und wird in der Mitte desselben mit 0 Grad senkrecht stehend angeordnet. Soe, $^3/_4$ von Shin, wird mit 10 bis 15 Grad eingesteckt. Die Linie Hikae ist halb oder $^3/_4$ so lang wie Soe und mit 15 Grad rechts von Shin arrangiert. Auf eine Ankerlinie kann man verzichten. Möchte man sie dennoch symbolisieren, so wird diese Linie $^3/_4$ so lang wie Soe, dicht vor Hikae mit 110 bis 120 Grad nach vorn weisend eingesteckt. Die äußeren Spitzen des Ankers sollen nicht abwärts, sondern möglichst nach oben gebogen sein. In diesem Falle müßte Hikae eine Neigung von 45 Grad bekommen.

Unter das ruhende Boot – und nur unter dieses – gehört eine Unterlage, eine grob geflochtene Bastmatte oder zwei versetzt liegende japanische Dais. Zusätzlich ausgelegte Kieselsteine sollen die Wellen andeuten.

Materialvorschläge: Gladiolen, Colvilleen, Palmlilien, Schwertlilien, Binsen, Ixien, Fackellilien, Calla, Eremurus, Kleopatranadeln, Steppenkerzen, Lupinen, Rittersporn, Eisenhut, Liatris, Fingerhut, Königskerzen, Rohrkolben, Lilien, roter Cornus, Löwenmäulchen, Levkojen, Geißbart, Salomonssiegel oder Astilben.

Die drei Hauptlinien werden in der Regel durch das gleiche Material dargestellt. Man kann aber auch zwei oder drei verschiedene Materialien miteinander kombinieren, z. B. Gladiolen, Iris und Chrysanthemen; Colvileen, Iris, Azaleen oder rote Rosen; Binsen, Pennisetum, Ixien und Margeriten; Calla und Schwertlilien; Zierjohannisbeeren und weiße Lilien; rote Cornuszweige und weiße Iris.

▷

Bootgefäße aus Bambus und anderem Material

Seit Generationen wird in Japan Bambus zur Herstellung von Blumengefäßen verwendet. Bootgefäße, schlichte Vasen und Körbe für die Teezeremonie (Chabana) und hohe Bambusrohre mit ein, zwei oder drei Ausschnitten zum Arrangieren von Shoka-Gestecken werden vorzugsweise hergestellt. Dabei ist das Wurzelstück des Bambus mit seinen interessanten Wachstumsringen besonders begehrt. Diese Gefäße haben nur den Nachteil, daß sie leicht Risse bekommen, vor allem wenn die Bambusstämme nicht lange genug und unsachgemäß gelagert wurden. Um diesen unliebsamen und unkontrollierbaren Rissen entgegen zu wirken, wurde in jüngster Zeit ein besonderes Verfahren entwickelt. Die zur Verarbeitung kommenden Bambusstücke werden einzeln abgeschliffen, so daß die Oberfläche seidenmatt und glatt wird. Vielfach werden in die Rohre zur Aufnahme des Wassers Kupfer oder auch Kunststoffgefäße eingelassen.

Bootähnliche Gefäße lassen sich leicht selbst herstellen. Geflochtene Bastzöpfe werden längsseitig aneinander genäht, der Bug wird behutsam zusammengedrückt und von außen mit einer kleinen Schlaufe versehen. Noch einfacher ist es, aus dem Wald ein passend großes Rindenstück der Birke oder Kiefer zu holen. Hat dieses nicht die gewünschte Form, so kann man es nach dem Säubern noch einmal anfeuchten und danach in der Sonne oder auf dem warmen Heizkörper liegend trocknen lassen. Die Rinde wölbt sich dabei und läßt sich dann als Bootgefäß verwenden. Zwei ineinandergeschobene Rindenstücke erhalten das Aussehen einer Gondel. Die Innenfläche der Rinde wird durch mehrmaliges Bestreichen mit Bootlack wasserabstoßend. Zum Schluß stellt man ein in der Höhe verkleinertes Joghurttöpfchen zur Wasseraufnahme in die Mitte der Rinde.

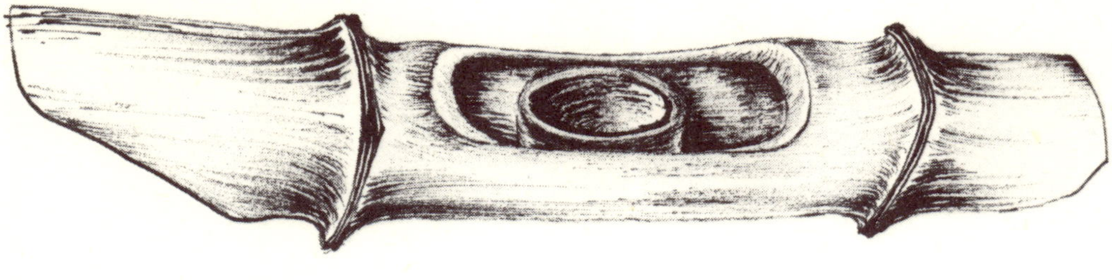

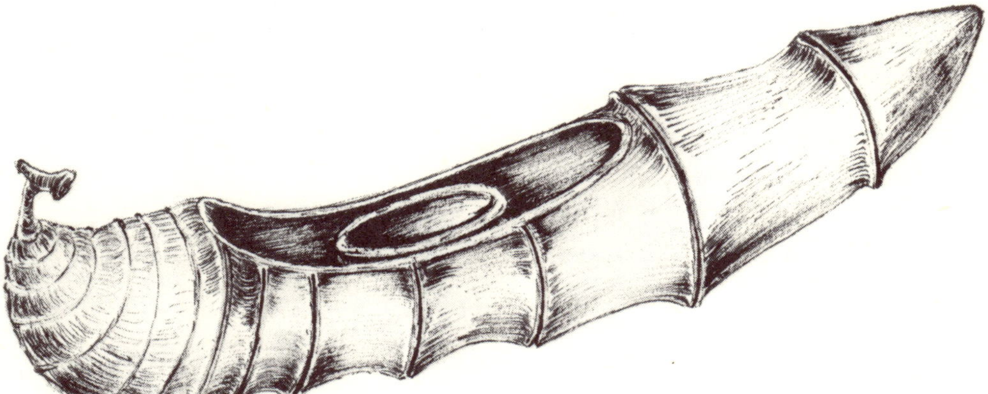

Seefahrt

Material: Bergahorn *(Acer pseudo-platanus),* Lilie.

Bei diesem Bootarrangement in freier Anordnung bilden Segel, Ruder und Anker die Fruchtstände des Bergahorn, die Mannschaft eine vollaufgeblühte Lilie mit vielen Knospen. Der Übergang zwischen den einzelnen Punkten wird durch die grünen Ahornblätter geschaffen.

Frohgemut fährt das Boot seinem Ziel entgegen. Die hellgrünen geflügelten Fruchtstände des Bergahorn sind ein reizvoller Schmuck des Spätsommers und lassen sich mit den verschiedensten Gartenblumen kombinieren. Rechtzeitig gepflückt bleibt ihnen der hellgrüne Farbton für längere Zeit erhalten. Entfernt man das verdeckende Laub, wird ihre filigranartige Struktur sichtbar, und so wirken sie leicht und beschwingt.

Das abgebildete Boot ist einfach nachzuarbeiten. Aus Eschenholz und Eschenfurnier lassen sich Bodenplatte und Seitenteile des Bootes anfertigen und zusammenkleben. Eine Blech- oder Kupferwanne ist maßgerecht in den Hohlraum einzupassen; es genügt aber auch ein unauffälliges kleines Schälchen, das die Pflanzen mit Wasser versorgt.

Der abnehmende Mond

Material: Gelbgrüne Zweige
mit Beeren der Stechpalme *(Ilex aquifolium),*
strahlenblütige Gerbera *(Gerbera).*

Der abnehmende Mond ist entsprechend seiner Bedeutung und Deutung oftmals ein Symbol des ausklingenden Jahres. Er wird vorzugsweise mit großblütigen ausdrucksvollen Blumen wie Calla, Gerbera, Lilien, Chrysanthemen oder Rosen gestaltet. Beliebt sind weiße, gelbe oder cremefarbene Blüten. Sie wachsen in und aus der rechten Mondsichel. Die linke Mondhälfte bleibt frei; diese ungestaltete Fläche soll als abnehmende Mondsichel betrachtet werden.
Kombinationen mit Beerenzweigen und herbstlichem Laub bieten sich ebenfalls an, zumal der abnehmende Mond durch seine weit herausragende, fließend verlaufende Shin-Linie mit 120 Grad Neigung oft hängend angeordnet wird.
Bei der Zweigwahl werden Beerenzweige, kleinblättrige oder gar unbelaubte Zweige, die nicht zu flächig gewachsen sind, bevorzugt. Dazu gehören: Hagebuttenzweige, Baumwürger, Zwergmispel, Schlehdorn, Weißdorn und Weinranken.
Zu berücksichtigen ist, daß die Shin-Linie anmutig und grazil aus dem Mondgefäß herauswachsen sollte und daß sich das zur Verarbeitung kommende Material am Stielende entsprechend flach biegen läßt. Die äußersten Spitzen des Zweiges sollten nach oben weisen.
Bei einem Neigungswinkel von 120 Grad nach rechts und einer festgelegten Länge von $1\frac{1}{2}$ mal Durchmesser des Gefäßes ist das Gewicht des Hauptzweiges beträchtlich. Es empfiehlt sich daher, den Igel im Gefäßmittelpunkt mit Oasisfix fest einzukleben.
Sind die Beerenzweige zu üppig und schwer für eine hängende Anordnung, werden sie gekürzt als ausschmückende und verstärkende Beilinien verwendet. Das Mondgesteck gibt ein Beispiel dafür.
Der gut formbare Ilexzweig wurde so gebogen, daß seine Spitze nach oben tendiert und Bezug auf die zweite Linie, Soe, nimmt, die nur $\frac{3}{4}$ so lang wie die erste Hauptlinie ist. Soe wird mit 15 Grad – gemessen zur Senkrechten – nach links, Hikae, die Erde, hier durch eine Chrysanthemenblüte der Sorte rayonnante verdeutlicht, mit 45 Grad nach vorn links angeordnet.

Die Mondsymbolik

Mondarrangements gehören keiner bestimmten Schule an; sie sind eine Ausdrucksform des erzählenden Ikebana. Mit derartigen Kompositionen kann man den Mond in seinen drei Phasen darstellen, und zwar den zunehmenden Mond, den Vollmond und den abnehmenden Mond. In allen Formen findet sich die bekannte Dreiteilung Shin, Soe und Hikae wieder.

Der zunehmende Mond

Beim zunehmenden Mond fließen sämtliche Linien zur linken Seite des Gefäßes. Hikae wird hier immer durch eine Knospe dargestellt. Die mit Blumen und Zweigen gestaltete linke Hälfte kennzeichnet die vom Schatten der Erde verdunkelte Mondseite, die blumenlose lichte rechte Seit soll die Mondsichel sein. Damit sich die stark geneigte Soe-Linie frei entfalten kann, ist es ratsam, das Mondgefäß hängend anzubringen.

Im übertragenen Sinne ist der zunehmende Mond Symbol heranwachsenden, sich entfaltenden jungen Lebens oder, auf die Jahreszeit bezogen, des Frühlings. Zweckmäßigerweise wählt man Blumen und Blütenzweige in pastellgetönten noch knospigen Entwicklungsphasen. Die hellen Farben sind Ausdruck von Jugend und Reinheit. Bei einem konisch zulaufenden Mondgefäß kann der Igel oder die hölzerne Befestigung (Kubari) immer nur in der Mitte aufgestellt bzw. eingeklemmt werden.

Bei einem für den zunehmenden Mond typischen Gesteck weist die Hauptlinie Shin mit 10 bis 15 Grad nach links. Diese Linie sollte nicht zu lang sein, höchstens $1\frac{1}{2}$ mal Durchmesser plus Tiefe des Mondgefäßes. Soe, die zweite Hauptlinie, erhält einen Neigungswinkel von 100 bis 120 Grad und wird ebenfalls zur linken Seite in das Gefäß eingefügt. Für diese beiden Linien eignen sich besonders Blütenzweige von Kirschen, Pflaumen, Winden, Glyzinen, Sommerjasmin, Clematis, Weigelien, Spiraeen, Forsythien, Euphorbien, Mimosen, Duftschneeball, Zaubernuß, echter Jasmin, Deutzien und Mandelbaum.

In den Jahreszeiten, in denen man nicht auf blühende Zweige zurückgreifen kann, können kleinblättrige, grazile Zweige z. B. von Lonicera, Trauerweiden, Birken, Lärchen, Ginster, Euonymus, Asparagus, Drehhasel, Drehweiden, Stechpalmen und Fingerkraut verarbeitet werden.

Bei der dritten Linie, Hikae, ergeben sich für die Art der Anordnung zwei Möglichkeiten: Unter Beibehaltung des Neigungswinkels von 75 Grad kann sie zwischen Shin und Soe nach links gerichtet stehen oder aber vor Shin nach vorn weisend eingearbeitet werden; je nach Material wählt man Hikae $1/2$ bis $3/4$ so lang wie Soe.

Die Wahl der Pflanzen ist von der zu gestaltenden Mondform, der Größe des Gefäßes und natürlich von der jeweiligen Jahreszeit abhängig.

Geeignete Blumen sind Rosen, Tulpen, Lilien, Anemonen, Kamelien, Margeriten, Cosmeen, Troßnelken, Wikken, Freesien, Christrosen, Skabiosen, Kalanchoe, Orchideen, Oleander, Zwergdahlien, margeritenblütige Chrysanthemen, Azaleen, Rhododendron, Mohn, kleine Sonnenblumen und Winterastern.

Der Vollmond

Die Blumenanordnung bei der Vollmondgestaltung läßt sich mit etwas Phantasie als vorüberziehende Wolken deuten. Der Mondkreis ist ausgefüllt durch Blumen oder Zweige, die im aufrechten Grundstil arrangiert sind, d. h. die Linie Shin weist mit 10 bis 15 Grad nach links. Soe steht mit 45 Grad vor Shin ebenfalls nach links geneigt, während die Linie Hikae mit 75 Grad nach rechts zeigt. Das Mondgefäß kann hier sowohl hängend als auch stehend verwandt werden. Bei der hängenden Anordnung empfiehlt es sich, den Gefäßrand teilweise mit Blättern zu überspielen, um die harten Konturen zu unterbrechen. Symbolisch gesehen stellt der Vollmond den Menschen auf dem Höhepunkt seines Lebens dar oder, auf die Jahreszeit bezogen, den Sommer. Aus dieser Bedeutung heraus werden große, vollaufgeblühte Blumen vorzugsweise Verwendung finden, z. B. Rosen, Gerbera, Lilien, Vallota, Spiegelei-Chrysanthemen, chinesische Päonien, Amaryllis, Tulpen, Astern, Kamelien, Anthurien, Calla, Sonnenblumen, kleine Proteen, Zinnien.

Nicht geeignet sind rispenartig gewachsene Blumen wie Gladiolen, Colvillien, Watsonia, Heliconia, Ilex u. a.

▷

Der abnehmende Mond

Bei der Versinnbildlichung des abnehmenden Mondes weisen alle Linien nach rechts. Die linke Gefäßhälfte des Mondes bleibt ungestaltet, auch sie soll die Mondsichel andeuten. Symbolisch gesehen ist diese Darstellung der Herbst und das reife, sich vollendende Leben.

Die Länge von Shin beträgt das 1½fache des Gefäßdurchmessers und weist mit 120 Grad Neigung nach vorn rechts. Deshalb ist es auch hier ratsam, den Mond hängend anzubringen oder ihn in einer Nische aufzustellen. Die Linie Soe mißt ¾ von Shin und weist mit 15 Grad nach vorn rechts. Hikae, nur halb so lang wie Soe, steht mit 45 Grad Neigung nach rechts zwischen Shin und Soe.

Der Symbolik des abnehmenden Mondes entsprechend werden Blumen und Beiwerk in herbstlich tiefen Farbnuancen oder in weißlich verklärenden Farben gewählt. Geeignet sind Stechpalmen-, Beeren-, kahle Obstbaum-, Schlehenzweige, japanische Quitte, Drehhasel, Hagebuttenzweige, Euonymus, Feuerdorn, Cotoneaster, Erlenzweige, mit Zapfen besetzte Lärchenzweige, Flechtenzweige, Kiefern, Weintrauben, Johannisbeerzweige und Efeuranken.

Als Blumen eignen sich Lilien, Chrysanthemen, Gerbera, Astern, Dahlien, Rhododendron, dunkle Sonnenblumen, Bergenien und Allium.

Das Einstecken von Zweigen und Blumen auf den Igel

Prinzipiell werden alle Zweige schräg angeschnitten. Dabei ist darauf zu achten, daß die Schrägung beim Einstecken oben liegt und der Rindenteil des Zweiges in die Nadeln des Kenzans eingepreßt wird.
Sehr starke Zweige sollten doppelseitig angeschrägt werden. Beim Abschneiden von schweren Zweigen ist größte Vorsicht geboten.
Es empfiehlt sich, die Schere an die vorgesehene Trennungsstelle zu legen und den Zweig mit der linken Hand zu drehen, während man mit der rechten die Schere festhält. Durch das vorsichtige Drehen entsteht am Zweig eine Kerbe, die so tief sein sollte, daß man den Rest dann leicht durchschneiden kann.
Dünne Zweige bilden eine Ausnahme. Sie werden nicht schräg, sondern gerade angeschnitten, damit sie auf dem Igel fest stehen. Sollten sie dennoch kippen, knickt man den unteren Stiel V-förmig an oder verstärkt ihn im einzusteckenden Bereich, indem man einen weiteren Zweig mit Bast anwickelt. Außerdem kann man schwache Zweigenden mit Seidenpapier umhüllen, wobei die Schnittfläche aber frei bleibt. Darüber hinaus hat man die Möglichkeit, dünnstielige Zweige in Naturstrohhalme oder hohle Blumenstiele wie von Anemonen oder Gerbera, oder in markige Stiele wie die der Lilien oder Nelken einzuführen.
Stark belaubte oder verästelte Zweige müssen gelichtet bzw. ausgeschnitten werden, wobei man sich auf die interessantesten Linien beschränkt. Sichtbar gewordene Schnittflächen werden je nach Grundfarbe des Zweiges mit einem dunkelbraunen, schwarzen oder grünen Filzstift abgedeckt und somit unsichtbar gemacht.
Belaubte Zweige haben fast alle eine Sonnenseite und eine dem Sonnenlicht abgewandte kahle Schattenseite. Entsprechend werden die Zweige angeordnet. Die vom Licht begünstigte Seite weist nach oben. Um das harmonische Positive der Bewegung zu betonen, werden auch die Blumen mit aufwärts strebender Tendenz angeordnet. Wie im Gespräch, so neigen sich die verschiedenen Pflanzen einander zu. Die Länge der zur Verarbeitung kommenden Materialien richtet sich nach den Gefäßmaßen, d. h. nach dem Durchmesser plus der Höhe der Schale.
Blumen werden im Gegensatz zu Zweigen gerade – und zwar unter Wasser – angeschnitten. Der Neuanschnitt unter Wasser ist die einfachste Maßnahme zur Frischerhaltung der Blumen und begünstigt die Haltbarkeit aller Pflanzen, denn dadurch wird das Sauerstoffpolster entfernt, das sich gebildet hat und die empfindlichen Poren der unteren Zellen teilweise verstopft. Die Pflanze ist dann in der Lage, die Nahrung – das Wasser – wieder einwandfrei aufzunehmen.
Dünnstielige Blumen werden ebenfalls wie die Zweige am unteren Stielende verstärkt, indem man z. B. zwei bis drei Veilchenstiele in einen natürlichen Strohhalm einführt. Oder man steckt einen dünnen Stiel der Freesie in einen hohlen Stiel der Anemone, Asperagus in den markigen Stiel der Nelken.
Bei all diesen Methoden ist darauf zu achten, daß die eingeführten Stiele den natürlichen Stiel am unteren Ende sichtbar werden lassen, damit die Gewähr besteht, daß dieser auch mit Wasser versorgt wird.
Blumen können ebenfalls durch Umwickeln mit Zeitungs- oder Seidenpapier am unteren Stielende verstärkt werden. Eine weitere Möglichkeit ist das Bündeln ungleich gekürzter Blumen mit Bast oder Silberdraht. Diese Methode wird vor allen Dingen bei Gräsern angewandt. Durch eine leichte Drehbewegung über der zusammengefaßten Stelle werden die Gräser locker und gefällig aufgefächert.
Eine wichtige Regel im Ikebana heißt: Weder Blätter noch Blüten dürfen ins Wasser hängen, da sie einen Fäulnisprozeß hervorrufen. Aus diesem Grunde werden Zweige und Blumen mindestens 3 cm über der Wasserfläche entblättert.
Hohlstieligen Blumen wie Anemonen, Narzissen, Terzetten und Gerbera kann man durch Einführen eines Zahnstochers mehr Halt verleihen. Die erwähnten Blu-

men lassen sich aber auch verformen, indem man einen eloxierten grünen Steckdraht langsam in die Stengel einschiebt. Bei vorsichtiger Handhabung nehmen die Blumen dadurch keinerlei Schaden und können wunschgemäß gebogen werden.
Besonders hohlstieligen Blumen wie Calla, Amaryllis, Vallota, Lupinen, Belladonna sollte man den Stiel mit eigenen abgeschnittenen Stielresten füllen und ihn dann oberhalb der eingeführten Stiele mit Bast abwikkeln, damit sie sich beim Einstecken auf den Igel nicht nach oben verschieben.
Die gelben Blattspitzen von Iris, Osterglocken, Tulpen usw. werden mit der doppelseitig geschliffenen Ikebana-Schere vorsichtig nachgeschnitten. Unten kann man sie spitzwinklig anschneiden. Oder man nimmt einen halbierten oder dünnen Blumenstiel und wickelt diesen an das Blatt, um fester aufstecken zu können.
Narzissenblätter lassen sich leicht über den Finger rollen, so daß sie eine spiralenförmige Linienführung erhalten.
Damit man bei den Tulpen und Irisblüten die gewünschte Form erhält, bindet man sie unterhalb der inneren drei Blütenblätter mit einem geteilten Bastfädchen oder einem etwas stärkeren Frauenhaar ab. So erhält man diese Blumen bis zum Verblühen in ihrem knospigen Zustand.
Gladiolen lassen sich unmittelbar über den Blüten kürzen, wenn man sie zu einem fülligen und ansprechenden Tischgesteck gestalten will.
Wurzeln oder schwerere Äste kann man ebenfalls auf dem Igel befestigen. Eine gesäuberte und im unteren Bereich mit Bootlack bezogene Wurzel sollte – wenn sie sehr hartholzig ist – unten wabenartig angesägt werden, damit sich eine bessere und größere Angriffsfläche für die Igelstifte ergibt. Zweckmäßigerweise wird die Wurzel oder der Ast zunächst auf den Igel aufgeklopft, und zwar immer außerhalb der Schale. Bei hartnäckigem Material kann man sperrige Zweige oder Wurzelteile auch in einen Schraubstock einspannen und den Igel mit einem Holzhammer von unten her aufklopfen.
Entscheidend für die Standfestigkeit ist die optimale Verbindung des großflächigen schweren Kenzans mit der Wurzel. Soll das fertige Gesteck durch mehrere Räume oder gar im Auto transportiert werden, ist es ratsam, den Igel fest in die Schale einzukleben. Voraussetzung dafür ist, daß sowohl Schale als auch Igel absolut trocken und staubfrei sind. Unter den Igel legt man dann eine flachgedrückte Rolle von Oasis-fix. Den so vorbereiteten Kenzan drückt man nun direkt auf die dafür vorgesehene Position. Nicht zu empfehlen ist diese Prozedur bei kostbaren Lacka-Gefäßen.
Der Kenzan sollte nach Gebrauch stets unter fließendem Wasser gereinigt werden. Festsitzende Verunreinigungen kann man mit der langen kräftigen Nadel des Kenzanreinigers aus den Zwischenräumen holen. Verbogene Nadeln des Kenzans kann man ebenfalls mit diesem praktischen kleinen Gerät, das auch als Kenzan-Aufrichter dient, wieder geradestellen.
Stark verkalkte Igel können durch Einlegen in eine 5%ige Salzsäure wieder entkalkt werden, oder man verwendet dafür die im Handel befindlichen entkalkenden Flüssigkeiten, die für alle warmwasserbereitenden Geräte notwendig sind.
Der Igel ist das wichtigste Hilfsmittel beim Blumenstekken in der Schale, sollte jedoch im fertigen Arrangement nicht sichtbar sein. Man kann ihn verdecken, indem man ihn direkt am vorderen Schalenrand aufstellt. Er läßt sich auch mit kurz eingesteckten Blättern, die aber nicht ins Wasser hineinhängen dürfen, kaschieren. Darüber hinaus kann man den Igel mit Steinen abdekken. Die Steinsortierung darf nicht zu klein sein, damit sie sich nicht in die Zwischenräume der Nägel setzen kann. Gelbliche oder verschmutzte Steine werden wieder weiß, wenn man sie in einer Waschlösung aufkocht.
Steine in Vogeleigröße sollten mit einem Klarlack überzogen werden. Dadurch verschließen sich alle Poren, es können sich im Wasser keine Algen mehr festsetzen und die Steine werden auch nach längerer Zeit im Wasser nicht mehr schlüpfrig. Außerdem wirken sie dann

so, als ob sie immer mit Wasser benetzt wären. Ihre Maserung kommt wesentlich klarer zum Ausdruck.
Für Glasschalen verwendet man gerne Bleikristallsplitter. Man kann einen ähnlichen Effekt erzielen, wenn man einen oder mehrere Steine ganz in Alufolie einpackt. Übrigens sollte auch der Igel bei einer durchsichtigen Schale bis zu den Igelspitzen hin mit Alufolie verkleidet werden.

Sieh, des Berges Mond
scheint ja voller Nachsicht
auch auf den Blütenduft.
Chrysanthemenflor –
meine Schere zögert noch
einen Augenblick.

Buson

Vollendung

Material: Haselnußzweige *(Corylus)*,
Efeuranken *(Hedera helix)*, Nelken *(Dianthus)*.

Einer Versteinerung täuschend ähnlich, vielleicht nur ein wenig zu perfekt für ein Fossil, so erscheint die intensive Prägung des Gefäßes. Bei der Wahl des passenden Blumenschmucks sollte man den kräftigen Grünton ebenso berücksichtigen wie die ausdrucksstarke Keramikform. In dem Beispiel finden die Spiralen des Schneckengehäuses eine Fortsetzung durch die Gestaltung der Komposition. Im hängenden Stil begleiten die Efeuranken mit ihrem interessanten Beerenschmuck, der sich übrigens nur bei der Altersform bildet, die äußeren Konturen der Vase.
Durch vorsichtiges Biegen des Efeus wurde die gewünschte Linienführung erreicht. Von dem immergrünen Kletterstrauch sind hauptsächlich die grünweiß geränderten Sorten sowie die nichtblühenden und die blühenden Arten bekannt. Aus den grünen bestäubten Blüten reifen während der Wintermonate schwarze Beeren. Die Laubblätter sind verschieden. Blätter der nichtblühenden Arten sind drei- bis fünfeckig gelappt, die der blühenden Arten sind ei- bis rautenförmig und ganzrändig.
Efeu läßt sich vielseitig gestalten und ist darüberhinaus ein sehr haltbares Material.
Haselnußzweige mit ihren braunroten Würstchen sind sehr biegsam und deshalb schwungvoll darzustellen. Sie wirken etwas graziöser als die Efeuranken und bilden daher auch den höchsten Punkt. Im Farbton passen sie zum Rot der Nelken, die durch die an der Spitze aufgelockerte Gruppierung die fließende Bewegung der Anordnung unterstreichen.
Durch Formen und Biegen der Zweige ergeben sich also Linien, Bewegung und Gegenbewegung.

Annäherung

Material: Sandelholzbretter sandgestrahlt und geflammt, Gerbera *(Gerbera),* Algenfarne.

Das Gefäß bleibt bei dieser Komposition verborgen, kann also aus einer einfachen Blechdose bestehen. Wichtig ist nur, daß es den Zweck erfüllt, die Blumen mit Wasser zu versorgen. Die sandgestrahlten geflammten Sandelholzbretter stehen wie ein Zaun in versetzter Anordnung vor dem Gefäß. Der warme changierende Braunton durchzieht das ganze Arrangement in allen drei Ebenen. Die Impulse zu dieser Anordnung gingen von den schön gemaserten Holzbrettern aus. Durch das Abflämmen wird ihre Struktur hervorgehoben. Ihre 1 cm starken Längsseiten erlauben ein Übereinandersetzen ohne eine weitere Befestigung.
Ausgehend von der durch Höhe und Fläche etwas schwerer wirkenden Basis wurden die Blumen und Pflanzen so angeordnet, daß sie hinter dem Zaun lustig ihre kecken Köpfchen hervorstrecken. Die pastellgetönten Gerbera mit dem aparten dunklen Mittelpunkt erscheinen wie markante kleine Gesichtchen. Die dunkelste Blüte neigt sich am weitesten dem Beschauer zu und ist dementsprechend auch die kürzeste. Alle Gerbera wurden vor dem Arrangieren mit einem Draht verstärkt, der unmittelbar an der Blüte angelegt wurde und gerade am Stiel entlangläuft, aber keinesfalls an irgendeiner Stelle in den Stiel eingesteckt wird. Stiel und Draht umwickelt man mit grünem Kautschukband. Durch die Stütze halten die Gerbera besonders gut. Sie können nicht mehr umkippen, und das Wasser zieht sich an ihren behaarten Stielen auch nicht mehr empor, so daß der Stiel nicht mehr vorzeitig abfault.

Der Farbpalette von dunkel bis hell entsprechend wurden die Gerbera hier angeordnet. Die über ihnen stehenden Algenfarne sind beschützend über die sonst so empfindlichen Blüten gebogen worden. Diese braunen Algenfarne kann man in getrocknetem Zustand in Dekorationsgeschäften kaufen. Um dann die gewünschten Formen zu bekommen, müssen sie 5 bis 10 Minuten über Dampf gehalten und sodann vorsichtig zwischen zwei Fingern von unten nach oben gebogen werden. Durch den Wasserdampf lassen sich die einzelnen braunen Farnblättchen noch auseinanderbiegen, so daß sie leichter erscheinen. Eine haltbare, etwas rustikal wirkende und interessante Anordnung.

Lebendiges Holz,
aus Dir brechen Wunder aus!
Magno

Trocknen und Präparieren von Pflanzen

Grundsätzlich werden Gräser, Blumen und Fruchtstände gebündelt und hängend an einem luftigen, von Sonnenlicht geschützten Platz getrocknet, z. B. in der Garage, unterhalb eines Balkons oder auf dem Dachboden. Rechzeitig gepflückt, d. h. im August oder September, kann man folgenden Blumen die natürliche Färbung erhalten: Statizen, Strohblumen, Klee, Prachtscharten, Artischocken, Immortellen, Heidekraut, Goldruten, Schafgarben, Kugeldisteln, Eryngium alpinum, Sauerampfer, Knopfblumen, Lampionfrüchten und Hahnenkamm. Ferner eignen sich zum Trocknen alle möglichen Gräserarten und Fruchtstände. Es empfiehlt sich, die Pflanzen nach dem Trocknungsprozeß sorgfältig von allen Seiten mit einem billigen Haarspray zu besprühen. Dadurch legt sich ein Schutzfilm über die Pflanzen, der sie vor dem Ausbleichen im Sonnenlicht bewahrt; auch wird die Staubaufnahme herabgesetzt. Die klebrige Substanz bewirkt außerdem, daß sich die Pflanzen nicht weiterentwickeln, aufblühen oder deren Blütenblätter abrieseln. Extra sorgfältig müssen Rohrkolben von allen Seiten besprüht werden, damit sie nicht durch Zimmertemperatur, Druck oder Stoß aufbrechen.

Ein beliebtes Material für Trockengestecke sind Zapfen der verschiedensten Nadelgehölze. Damit sie schön aufgehen, legt man sie vor der Verarbeitung in lauwarmes Wasser. Größere Exemplare werden nach diesem Prozeß in der Mitte aufgeschnitten, die Schnittflächen mit einem Klebstoff bestrichen und mit Mohn, Grieß oder sonstigem Saatgut bestreut. Mais- oder Kürbiskerne kann man ebenfalls aufkleben. Teilweise leisten die Vögel und Eichhörnchen interessante Vorarbeit, weil sie die frischen Tannenzapfen abknabbern, so daß als Rückstand nur der feste Zapfenstiel bleibt. Dieser kann im Naturton belassen oder koloriert verarbeitet werden.

Wenn die getrockneten Pflanzen mit frischen Blumen kombiniert werden sollen, also mit Wasser in Berührung kommen, müssen die trockenen Stiele, die der natürlichen Fettschicht entbehren, mit einem Isolier- oder Kautschukband bis 3 cm über dem Wasserspiegel abgewickelt werden, damit sie nicht faulen. Dies gilt hauptsächlich für Rohrkolben, Lampionblumen, Silberlinge, Kardendisteln und Artischocken.

Bei manchen Trockenmaterialien lassen sich Formen und Linien über Wasserdampf korrigieren. Gedrückte Immortellen oder Zweige der Silberlinge werden dann wieder natürlich und anmutig. Auch Fruchtstände der Königskerze und des Sauerampfers kann man nach dem Dampfbad interessant zurechtbiegen. Frische Baumrinde verformt sich eigenständig während des Trocknens auf einem warmen Zentralheizkörper bzw. im warmen Heizungskeller. Die feuchten, noch biegbaren Rindenstücke werden mit Wäscheklammern und Schnüren in die gewünschte Form gebracht.

Knorren und Baumwurzeln sind zunächst mit einer Drahtbürste von allen losen und morschen Teilen zu befreien. Ein anschließendes Bestreichen oder Besprühen mit einem Schutzmittel gegen Holzwürmer ist empfehlenswert. Falls die Wurzel mit frischen Blumen verarbeitet werden soll und mit Wasser in Berührung kommt, sollte man sie mit Bootlack bestreichen.

Manche Blätter kann man durch Aufbügeln mit einem feuchten Tuch wunschgemäß umgestalten, so z. B. die Blätter der Maiskolben, Farnwedel sowie das buntgefärbte Laub der Eichen- und Ahornbäume.

In jüngster Zeit erlangen die montierten Blumen und Fruchtstände einen immer größeren Beliebtheitsgrad. Zweige der Schlehe oder der japanischen Quitte können z. B. mit den Samenkapseln der Bucheckern beklebt werden. Man befestigt sie mit Klebstoff. Die filigranartigen Fruchtstände der Ulmen kann man ebenso verarbeiten.

Bizarre Zweige, die trocken verarbeitet werden können:

Corylus avellana »Contorta« – Korkenzieherhasel
Robinia pseudoacacia – Robinie, Scheinakazie
Salix matsudana »Tortuosa« – Korkenzieherweide
Salix sachalinensis »Setsuka« – Drachenweide
Salix caprea – Salweide, Weidenkätzchen
Cytisus scoparius – Besenginster
Clematis vitalba – Waldrebe
Larix decidua (L. europaea) – Lärchenzweige
Vitis vinifera – Weinrebe
Rosa omeiensis f. pteracantha – Stacheldrahtrose
Malus baccata – Wildapfel
Prunus spinosa – Schlehe
Datura stramonium – Stechapfelzweige

Zweige, die ohne Laub durch die kräftige Färbung ihrer Rinde wirkungsvoll sind:

Cornus alba »Sibirica« – Feuerhartriegel (leuchtend rot)
Cornus stolonifera »Flaviramea« – Goldhartriegel (hellgelb)
Kerria japonica – Ranunkelstrauch (dunkelgrüne Zweige)
Salix alba »Vitellina« – Dotterweide

Interessante heimische Baumrinden:

Pinus sylvestris – Kiefer, Föhre
Betula pendula – Weißbirke
Euonymus alatus – Korkspindelbaum
Ulmus minor »Suberosa« – Korkflügelulme
Parrotia persica – Parrotie
Platanus x hybrida – Platane

Fruchtstände heimischer und fremdländischer Pflanzen zum Sammeln:

Anthemis arvensis – Acker-Hundskamille
Aechmea fulgens – Aechmea-Fruchtstand
Agapanthus africanus – Afrikanische Schmucklilie
Agave – Agaven-Fruchtstand
Acanthus longifolius – Akanthus
Allium – Lauch-Fruchtstand
Erygium alpinum – Alpenmannstreu

Celastrus orbiculatus – Baumwürger
Berberis vulgaris – Berberitze
Fagus sylvatica – Buche

Eryngium – Edeldistel
Hedera – Efeu-Fruchtstände
Erica carnea – Erika
Alnus – Erlen-Fruchtstände
Fraxinus excelsior – Esche

Sedum spectabile – Fetthenne
Rosa omeiensis f. pteracantha – Stacheldrahtrose
Digitalis purpurea – Fingerhut
Flechtenzweige
Centaurea – Flockenblume
Alisma – Froschlöffel

Heracleum – Herkuleskraut
Hydrangea paniculata – Hortensie

Nigella – Jungfer im Grünen

Dipsacus – Kardendistel
Dactylis – Knäuelgras
Verbascum – Königskerze
Pulsatilla – Küchenschelle
Echinops – Kugeldistel

Lilium – Lilien-Fruchtkapseln

Lupinus – Lupine

Papaver – Mohn

Oenothera – Nachtkerze

Ammobium – Papierknöpfchen
Platanus – Platanenfrucht
Liatris spicata – Prachtscharte

Brassica napus – Raps-Fruchtstände
Ricinus – Wunderbaum, Rizinus
Delphinum – Rittersporn

Carlina acaulis – Silberdistel
Cimicifuga – Silberkerze
Lunaria – Silberling
Buddleja – Sommerflieder
Rudbeckia – Sonnenhut
Eremurus – Steppenkerze
Achillea – Schafgarbe
Conium – Schierling
Phragmites – Schilf
Chelidonium – Schöllkraut
Iris – Schwertlilie
Buddleja davidii – Schmetterlingsstrauch

Limonium – Statize, Strandnelke
Eremurus – Steppenkerze
Helichrysum bracteatum – Strohblume

Hemerocallis – Taglilie
Thymus – Thymian-Fruchtstand

Clematis – Waldrebe
Armoracia rusticana – wilder Meerrettich
Daucus carota – wilde Möhre
Verbascum – Königskerzen-Fruchtstand

Cucubita pepo – Zierkürbis
Cyperus papyrus – Zyperngras

Das Früchtekränzchen

Das Früchtekränzchen kann auf einer runden Baumscheibe, einem Holz- oder Zinnteller gearbeitet werden. Eine kleinfingerstarke Rolle der Knetmasse wird mit leichtem Druck auf den Tellerrand aufgesetzt. Es ist angebracht, die geformte Rolle mit Ponal oder Wasserglas zu bestreichen, damit sie die nötige Stabilität erhält. Alle einzusteckenden Pflanzen müssen bereit liegen, um schnellstens in die Knetmasse gruppiert zu werden. Sie bleiben fest stehen, selbst wenn durch Wärmeeinfluß die Masse weich werden sollte.

Hagebutten bezieht man mit Klarlack oder Nagellack oder taucht sie in flüssiges Kerzenwachs, um das schöne Rot der Früchte zu erhalten und deren Schrumpfprozeß zu mindern. Sie sehen besonders nett aus, wenn sie, ringsum mit fünf spitz eingeführten Kürbiskernen bestückt, zu einer Phantasieblume erblühen.

Neben den hellen Kürbiskernen stehen die dunkelbraunen Fruchtstände des Sauerampfers in wirkungsvollem Kontrast. Es folgen die getrockneten gelben Schafgarben in Verbindung mit den dunkelblauen Statizen bzw. Rainfarn, untermalt von dem duftigen Meerlavendel.

Von der Struktur her sind Fruchtkerne von Pflaumen, Mirabellen, Feigen, Kirschen und besonders die tiefgefurchten Pfirsichkerne brauchbar.

Zu den getrockneten Fruchtständen gehört auch die wohlriechende Japanische Quitte. Sie wird gerne mit den geflügelten Fruchtständen des Bergahorns bzw. mit Ruskus oder Eukalyptusblättern arrangiert. Lorbeerblätter finden hierbei ebenfalls Verwendung. Bucheckernkapseln sind im weitgeöffneten Zustand am interessantesten; deshalb sollte man noch halb geschlossene zum Trocknen auf den Heizkörper legen, damit sie möglichst weit aufspringen. Wer den Mittelpunkt einer geöffneten Kapsel betonen will, braucht nur eine Immortelle einzukleben. Auch die Bucheckernkerne können, in Dreier- oder Fünfergruppierung in die Knetmasse gesteckt, mitverwendet werden. Die braunen Erlenzapfen sind als Lückenfüller besonders beliebt. Zwei bis drei Mohnkapseln nebeneinandergesetzt, geben der Oberfläche etwas Bewegung. Unter den oberen segmentartig aufgeteilten Staubbeutelböden befinden sich kleine Einschnitte, die zum Befestigen von Gewürznelken dienen.

Einen wohltuenden Geruch verbreitet der Sternanis oder die mit Silberdraht umwickelten kleinen Zimtrollenstückchen. Auf die flächig wirkenden Eichelkapseln sollte man nicht verzichten.

Es ist sinnvoll, den Kranz so zu arbeiten, daß man in gleicher Reihenfolge immer wieder die gleichen Motive legt. Dadurch erhält das Ganze den Anschein systematischer Ordnung.

Der Früchtekranz läßt sich sehr schnell herstellen und ist stets ein nettes, willkommenes Geschenk. Der Kostenaufwand ist minimal, vor allem, wenn man schon rechtzeitig im Sommer beginnt, entsprechende Materialien zu sammeln. Geeignet sind Spitz- und Weidewegerich, Wiesenfuchsschwanz, wilder Hopfen, Hafer, Roggen, Weizen, Gerste, Hirse, Wollgras, Hirtentäschel, Maiskolben, auch Heidekraut, Clematisfruchtstände, kleine Zierpaprika.

Zum Schluß sollte man das kleine Kunstwerk mit einem billigen Haarspray besprühen, damit die verarbeiteten Pflanzen und Früchte nicht abfallen oder ausbleichen. Dieser unsichtbare Schutzüberzug gibt dem brüchigen Material gleichzeitig Stabilität.

Material für den Früchtekranz
Kleine Mohnkapseln, Kürbiskerne, Pfirsichkerne, Paprika, Statizien, Golddisteln, Ruscus
getrocknete Zapfen von Erle, Ahorn, Lärche
Immortellen in verschiedenen Farben
Hagebutten, Schafgarben, Schalen der Pistazien, Bucheckernkapseln, Sternanis, kleine Zimtstangen, Sonnenblumenkerne.

Hilfsmittel
Holzteller
Knetmasse

Das Gewürzsträußchen

Ein Gewürzsträußchen ist ebenso wie ein Früchtekränzchen preiswert und leicht zu arbeiten. Durch sein Aroma ist es, besonders im Herbst, ein beliebtes Geschenk.

Es ist zweckmäßig, die mit Klebstoff überzogenen, gedrahteten Styroporkugeln in eine kleine Vase zu stellen, um sie je nach Wunsch in die diversen Gewürze wie Mohn, Linsen, Senfkörner, Anissamen, Pfefferkörner, Wacholderbeeren, Kichererbsen usw. tauchen zu können. In Haselnüsse mit Schale müssen zunächst mit einem Handbohrer Löcher vorgebohrt werden, durch die sich ein kräftiger Steckdraht ziehen läßt. Mit Muskatnüssen verfährt man ebenso. Alle übrigen Zutaten, die sich wahlweise verwenden lassen, müssen möglichst unsichtbar angedrahtet werden. Als verbindendes Material nimmt man grünen oder rotbraunen Ruscus, der auseinandergeschnitten, angedrahtet und sparsam zwischen den anderen Gewürzen eingearbeitet wird. Belebend und lustig wirken die kleinen Peperoni. Einen besonders angenehmen Duft verbreiten Zimt- und Vanillestangen, Sternanis und Lorbeerblätter. Die Zimtstangen werden in 2 bis 3 cm große Stücke geschnitten, die lockeren Vanillestangen durchzieht man jeweils mit Silberdraht, den man außen mit der Kombizange verdrillt. Beim Lorbeerblatt steckt man den Draht unmittelbar am Stielanfang durch das Blatt, während man ihn beim Sternanis um die sternenförmige Samenkapseln legt. Kaffeebohnen lassen sich ebenfalls mit Draht umspannen, der auf der Rückseite fest angezogen und verdrillt werden muß. Bei getrockneten Pflaumen und Aprikosen sowie Erdnüssen in der Schale ist der Draht leicht durch die Fruchtmasse bzw. Schale zu führen. Rosinen und Korinthen reiht man dicht auf einen Draht auf. Sollen Erlen- oder Lärchenzapfen mitverarbeitet werden, wird der Draht durch die unteren Zapfeneinschnitte geführt und seitlich wieder verdrillt. Kleine Haselnußkerne oder Erbsen wirken dekorativ, wenn sie in die Mitte von Bucheckernkapseln geklebt werden. Das so vorbereitete Material legt man geordnet nebeneinander und kann nun beginnen den Gewürzstrauß zu binden. Die Mitte arbeitet man etwas erhöht. Eventuell wird hier eine Mohnkapsel verwendet, deren gitterartige Öffnung unterhalb des Staubgefäßbodens mit Nelken gespickt wird. Von diesem erhöhten Mittelpunkt ausgehend werden alle übrigen Gewürze systematisch aneinandergefügt. Der Silberdraht unterhalb der Gewürze sollte mit weißem Krepp- oder Klebeband abgewickelt und der Stiel, falls nötig, etwas gekürzt werden. Hagebutten, Mandeln oder Haselnüsse überzieht man mit einem Klarlack, um einen Glanzeffekt zu erzielen. Zum Schluß stülpt man eine Biedermeiermanschette oder eine aus Kreppapier selbst gefertigte über die abgewickelten Stiele.

Material für Gewürzsträußchen

Mohnkapseln
Vanillestangen
Ingwerwurzel
Haselnüsse mit Schale
Haselnüsse ohne Schale
Mandeln
Kürbiskerne
Erdnüsse in der Schale
Bucheckern, zum Stern geklebt
Bucheckernhülsen mit Kichererbsen gefüllt
Hagebutten
Eukalyptuskapseln
weiße Bohnen
Paprika – Peperoni
Zimtstangen
Lorbeerblätter
Wacholderbeeren
Nelken-Nägelchen, in Mohnkapseln zu stecken
Sternanis
Kandiszucker weiß
Erlenzäpfchen

Lärchenzäpfchen mit Kümmel beklebt
Maiskörner, drei zusammengeklebt
Rosinen
getrocknete Aprikosen
getrocknete Pflaumen
Erlenzäpfchen mit Senfkörnern oder roten Linsen beklebt
Reiskörner, Kaffeebohnen
Pistazien
Muskatnüsse

Hilfsmittel
Styroporkugeln
Mäusedorn (Ruscus)
kleine weiße Biedermeiermanschetten
Silberdraht, Steckdraht
kleine Bohrer, Kombizange
Klebzeug

Herbstfest

Material: Buchenzweig *(Fagus),*
mit aufmontierten Lampions *(Physalis),*
gebleichter japanischer Fingerfarn *(Pteridium aquilinum).*

Die schönen großen Lampions mit den leuchtend aufgeblasenen Kelchhüllen reifen erst im Herbst. Sie sind das besondere Merkmal der Lampionpflanze, die den gleichlautenden volkstümlichen Namen trägt. Diese Staude gehört zu den klassischen Trockenblumen. Im Herbst schneidet man die ganze Pflanze; die Blätter werden entfernt und die Zweige hängend in einem luftigen Raum getrocknet. Im getrockneten Zustand lassen sich die Zweige sowohl mit frischem als auch mit dauerhaftem Material kombinieren. Wenn man einige Lampionzweige im Garten überwintern läßt, so findet man im Frühjahr ein filigranartiges Netzgewebe wieder. Der Farbstoff und das verbindende Gewebe zwischen den Nerven haben sich aufgelöst. Diese Mazeration (durch Mikroorganismen Zersetzen der Weichteile) kann man auch auf künstlichem Wege durch Einlegen der Lampions in Chlorwasser (1 Liter Wasser und drei Eßlöffel Chlor) erreichen. Damit die Lampions noch etwas größer werden, können die Kelchhüllen von der Spitze aus den Blattnerven nach in 5 gleichmäßige Segmente geteilt werden. Dabei wird die innere orange Beerenfrucht sichtbar. Mit den interessanten »Lampions« kann nun in beliebiger Fülle jeder schön gewachsene kahle Zweig besetzt werden. Buchenzweige, die man zuvor noch etwas zurechtgebogen hat, eignen sich mit ihren kleinen braunen Spelzen für diesen Zweck besonders gut. Zum Aufkleben verwendet man am besten einen Kaltleim. Wäscheklammern oder Haarclips erleichtern das Befestigen während der Trokkenzeit.

Gebleichter japanischer Fingerfarn oder getrockneter brauner Adlerfarn läßt sich ganz nach Belieben biegen, wenn er für kurze Zeit über Wasserdampf gehalten wird.

Wunderlieblich sieht jetzt der rote Pfeffer aus
nach dem wilden Sturm.

Bashô

Silberfahnen

Material: Pampasgras *(Cortaderia),*
Palmenblatt *(Phoenix),* Zierkürbisse *(Cucurbita),*
Mais *(Zea mays),* Paprika *(Capsicum)*

Die Palme wird vorwiegend mit ausgefallenen, exotisch anmutenden Pflanzen verarbeitet. In Verbindung mit dem aus der argentinischen Steppe stammenden Pampasgras ergibt sich eine eigenwillige Komposition mit vielfältigen Formen und Linien.
Das handförmige Palmenblatt bildet den Mittelpunkt des Arrangements. Einem Fächer gleich steht es dekorativ zwischen den beiden Blütenrispen der Pampasgräser. Die angeknickten, zum Teil auch gelblichen Blattspitzen der einzeln gefalteten Blattrosetten wurden formgerecht nachgeschnitten. Anschließend ist das Blatt mit einem Schwamm vom Staub gereinigt und mit Blattlack besprüht worden. Das Pampasgras – insbesondere die männlichen Sorten mit ihren fedrigen Silberfahnen – gehört zu den imposantesten Gartengräsern. Es sollte im Herbst knospig geschnitten werden und etwa 14 Tage im Wasser stehen, damit sich seine Schönheit voll entfaltet. Danach wird der untere Teil des Stieles mit einem hellen Isolierband abgewikkelt, so daß das Gras sowohl mit frischen als auch mit trockenen Pflanzen zusammen verarbeitet werden kann. Um die Standfestigkeit der Gräser zu erhöhen, empfiehlt es sich, in die Stiele von unten her einen Zahnstocher oder ein Streichholz einzuführen.
Durch seine fremdartige Schönheit ist dieses Ziergras der beherrschende Faktor der Komposition.
Die leuchtend roten Paprikazweige kommen vor dem duftigen Pampasgras besonders zur Geltung. Originell und dekorativ wirkt an der Basis der Anordnung der grünweiß gezeichnete Zierkürbis.
In den markigen Stiel des von Blättern umhüllten Maiskolbens wurde eine kleine hölzerne Stütze eingesteckt. Die äußeren leicht beschmutzten und beschädigten Blätter wurden entfernt, die inneren papierartigen mit der Ikebana-Schere etwas nachgeschnitten und seerosenförmig aufgeblättert.
Das vorgestellte Arrangement wird den Beschauer sehr lange erfreuen. Das gewählte Pflanzenmaterial ist besonders dauerhaft und wird vorzugsweise ohne Wasser verarbeitet.

Was ist das Schwerste von allem?
Was dir das Leichteste dünket:
Mit den Augen zu sehen,
was vor den Augen dir liegt.
Goethe

Haltbarmachung und Färben

Haltbarmachen bedeutet Verlängerung der Lebensdauer einer abgeschnittenen Blume, um sie nach dem Schnitt vor zu baldigem Welken zu bewahren und ihre Schönheit noch möglichst lange zu erhalten. Sobald eine Blume von der Wurzel getrennt ist, hört der normale Wachstumsprozeß auf. Die ursprüngliche Aufnahme von Wasser und Nährstoffen durch die Wurzel sowie der Assimilationsvorgang über die Laubblätter entfällt, lediglich durch die Schnittfläche am Stengel und die Transpiration der Blütenblätter ist bei der geschnittenen Blume noch eine Wasserzufuhr gegeben.
Eine Blüte ist kurzlebig; man kann aber versuchen, den zeitlichen Ablauf des Verblühens hinauszuzögern, indem man die das Welken beschleunigenden Ursachen weitgehend ausschaltet. Nach dem Schneiden wird die Haltbarkeit der Blumen in der Hauptsache durch zwei Faktoren bestimmt, und zwar
durch die Wasseraufnahme, das Wasserleitungsvermögen und die Transpiration, also den Wasserhaushalt und
durch die Intensität der Atmung.
Die Haltbarkeit der Schnittblume wird begünstigt durch alle Methoden, die für eine ungehinderte Wasseraufnahme durch die Leitbahnen und alles, was die Transpiration der Blüten und Blätter herabsetzt, sorgen. Durch Bakterien im Wasser, durch Milchsäfte oder Schleime, die von Pflanzen abgesondert werden, durch Oxydation und Polymerisation der Polyphenole sowie durch verschmutzte Gefäße kann eine Zellenverstopfung hervorgerufen werden.

Als Gegenmaßnahmen hierfür gelten:

- vorheriger Neuanschnitt milchsaft- oder schleimführender Pflanzenstiele unter heißem Wasser,
- keimfreies (abgekochtes, abgekühltes) Wasser,
- Zugabe von Frischhaltemitteln,
- Vermeidung bakterienbildender organischer Stoffe im Wasser (Holz, unsaubere Steine).

Ferner ist zu beachten, daß kein Blatt ins Wasser hängt.

Das Anschneiden der Blumenstiele unter Wasser unmittelbar vor dem Einstellen in das Blumengefäß ist von größter Wichtigkeit. Die Zellen der Stielenden, die längere Zeit der Luft ausgesetzt sind, bevor sie ins Wasser kommen, trocknen aus. Außerdem dringt Sauerstoff durch die Schnittfläche in die Stiele. Durch das die Poren verstopfende Sauerstoffpolster wird die Wasseraufnahmefähigkeit stark herabgesetzt. Das ausgetrocknete und verstopfte Stielende kann erst wieder Nahrung (Wasser) aufnehmen, wenn der Blumenstiel unter Wasser neu angeschnitten wird.
Gerbera, Flieder, Rosen, Disteln, Sonnenblumen, Proteen, Levkojen, Chrysanthemen und Mimosen stellt man für einige Sekunden mit den Stielenden in 80 bis 100 Grad heißes, anschließend in lauwarmes Wasser. Durch zu kaltes Wasser erhalten alle Schnittblumen einen Schock, daher sollte es stets temperiert sein. Dies gilt in erhöhtem Maße für getriebene Blumen im Winter. Lediglich Freilandrosen können im Sommer in kaltes, sogar eisgekühltes Wasser gestellt werden, um ein zu schnelles Aufblühen zu verhindern.
Blumen, die Milchsaft führen, kann man auf verschiedene Weise vorbereiten. Entweder man hält das Stielende über eine Flamme und sengt es an, um so den Milchfluß zum Gerinnen zu bringen, oder man hält es kurz in kochendes Wasser. Findet eine solche Maßnahme nicht statt, laugen die Blumen im Wasser stehend aus und beginnen schon am folgenden Tag zu welken.
Zu Milchsaft führenden Blumen zählen Euphorbien, Weihnachtssterne, Levkojen, Islandmohn, Orientalischer Mohn. Bei schleimhaltigen Stielen wie Narzissen und Clivien ist die gleiche Methode anzuwenden.
Einige Blumen, wie Mimosen, Flieder und Rosen enthalten in ihren Blättern Stoffe (phenolische Verbindungen), die mit dem im Wasser oder in der Luft enthaltenen Sauerstoff wasserunlösliche Verbindungen (Polyphenole) eingehen. Diese verstopfen die Wasserleitungsbahnen der Stiele. Es kommt unweigerlich zum vorzeitigen Welken. Diesem Prozeß ist nur entgegen-

zuwirken, wenn alle Blätter, die ins Wasser hineinragen, entfernt werden. Eine Versuchsreihe von C. Buys hat ergeben, daß der Extrakt von 2 1/2 Blättern einer getriebenen Superstar-Rose in einem Liter Wasser ausreicht, Blumen sofort welken zu lassen.
Die verholzten Blütenstiele der Ziergehölze werden vor Verarbeitung unter Wasser schräg angeschnitten, eventuell diagonal zum Stiel noch einmal aufgespalten. Dadurch entsteht eine größere Wasseraufnahmefläche. Nach einiger Zeit verkleben die Schnittflächen durch Wundgummi; deshalb müssen die Zweige immer wieder neu angeschrägt werden.
Die Bakterienbildung ist weitgehend zu verhindern, wenn Schalen und Vasen nach jedem Gebrauch gründlich gereinigt werden. An den glatten Wänden von Glas- und Porzellangefäßen siedeln sich weniger Bakterien an, als an den unebenen Flächen unglasierter Keramikvasen. Die Bildung von Mikroorganismen (Bakterien) am Stielende verringert sich, wenn die Stiele nicht zu tief, nicht zu lange und vor allen Dingen ohne Blätter im Wasser stehen.

Die Transpiration (Verdunstung)

Wenn sich Gefäße mit Schnittblumen in sehr warmen Räumen befinden, ist die Transpiration besonders groß. Man sollte sie daher am Abend in einen kühlen Raum stellen. Die Transpirationsfläche ist um so größer, je mehr Blätter an Blumen und Zweigen verbleiben. Daher sollte man überzählige Blätter, z. B. bei getriebenem Flieder oder getriebenen Rosen, entfernen. Die abgeschnittenen Blätter werden dann einzeln dazugestellt oder aber durch anderes Blattmaterial bzw. Laubzweige ergänzt. Bei den meisten Blumen wird die Transpiration durch Entfernen der Blätter herabgesetzt. Eine Ausnahme bilden die Chrysanthemen, deren Blätter als Nahrungsreservat und Nahrungsbildner angesehen werden.

Die Atmung

Für fast alle Pflanzen, besonders für solche mit vielen Blättern, ist das Licht eine Lebensnotwendigkeit. Bei Lichtmangel verbrauchen sie Kohlenhydrate und andere Vorratsstoffe schneller. Pflanzen, die im Licht stehen, enthalten mehr Chlorophyll, Fruchtzucker und Aminosäure als solche, die im Dunkeln stehen. Lichtmangel kann daher die Ursache vom vorzeitigen Welken sein. Da die Atmung, d. h. der Abbau von Reserven nach dem Schnitt weitergeht, erschöpfen sich mit der Zeit die Vorratsstoffe. Die Atmungsintensität ist von der Temperatur abhängig. Bei 15 Grad Wärme werden weniger Kohlehydrate veratmet als bei 20 Grad. Die Blumen verbrauchen also in der Regel bei höheren Temperaturen mehr Nährstoffe und Kraft. Für die meisten Schnittblumen erweist sich bei einer relativen Luftfeuchtigkeit von 60 bis 80% eine Raumtemperatur von 4 bis 10 Grad als am günstigsten. Außer der herabgesetzten Transpiration (Wasserverdunstung und Atmung) werden bei niedrigen Temperaturen auch die Lebensfunktionen verzögert. Die Entwicklung von der Knospe bis zur Blüte benötigt mehr Zeit.
Blumen und Pflanzen lieben saubere Luft und leiden unter Umwelteinflüssen. So ist der Äthylengehalt der Luft (ungesättigter Kohlenwasserstoff) möglichst gering zu halten. In der Praxis heißt das: Raucherluft schadet den Blumen. Auch beim Kochen und Heizen mit Gas kann Äthylen frei werden. Reifes Obst sollte nicht in der Nähe von Schnittblumen liegen.

Frischhaltemittel

Alle Frischhaltemittel enthalten fäulnishemmende Wirkstoffe und zugleich kleine Mengen Schnittblumen-Nährstoffe. Schon eine geringe Zugabe ins Blumenwasser verhindert die Bildung von Fäulniserregern und trägt zur längeren Haltbarkeit der Blumen bei. Die besten Ergebnisse zeigen sich bei Rosen, Iris, Levkojen, Nelken, Mimosen und Freesien. Orchideen, Anthurien und Cyclamen weisen mehr oder weniger Unverträglichkeiten auf. Welches Frischhaltemittel die günstigsten Ergebnisse bringt, ist unter anderem auch von der Zusammensetzung des Wassers abhängig und muß selbst erprobt werden. Auf dem Markt befinden sich Florfrisch, Chrysal, Rosenfrisch und andere. Außerdem gibt es in Reformhäusern Biosmon, das die Wasserqualität erhöht und zur Frischhaltung beiträgt.
Zum Auflösen von pulverisiertem Frischhaltemittel sollte das Wasser ca. 25 Grad Wärme haben.
Der wichtigste Nährboden für die Atmung ist der Zukker. Deswegen wird dem Blumenwasser direkt oder durch Frischhaltemittel Zucker zugesetzt (1 bis 2%). Kristallzucker hat sich hierfür besonders bewährt. Allerdings sollte man stets abgekochtes, wieder abgekühltes Wasser verwenden. Eine Prise Zucker bewirkt bei Freesien, daß alle Blüten am Kamm aufgehen. Der Zuckerbedarf der Schnittblumen ist verschieden. Beispielsweise brauchen Nelken mehr Zucker als Freesien. Bei früh getriebenen Blumen und Zierhölzern sind höher konzentrierte Zuckerlösungen erforderlich.
Die Frischhaltemittel berücksichtigen alle diese Faktoren und enthalten neben dem Zucker auch bakterienabtötende Stoffe.

Blumen, die sich nicht miteinander vertragen

Verschiedene stark duftende Blumen gemeinsam in einem Arrangement rufen ein Unverträglichkeitsverhältnis hervor, wodurch z. B. Rosen und Flieder oder Maiglöckchen und Rosen zum vorzeitigen Welken verurteilt sind. Besonders schnell verblühen Sommerjasmin *(Philadelphus)* mit Rosen oder Jasmin mit Nelken oder Gerbera, wenn sie zusammen verarbeitet werden.

Alle schleimabsondernden Stiele sind, wenn sie mit nicht schleimführenden Blumen in einem Gefäß stehen, ebenfalls unverträglich, z. B. Narzissen mit Tulpen, mit Gerbera oder Sternnarzissen mit Rosen.

Auf eine Kombination von Rosen und Maiglöckchen möchte man ungern verzichten. Wenn die Maiglöckchen frisch geschnitten für 24 Stunden allein in die wassergefüllte Vase gestellt werden, ziehen die Giftstoffe zum größten Teil heraus. Danach dürfen die Stiele auf keinen Fall neu angeschnitten, sondern sollten unter frischem Wasser abgespült und dann mit Rosen arrangiert werden.

Besondere Behandlungsweise für Blätter und Laubzweige

Die meisten Blätter sollten für ca. 2 Stunden ins Wasser gelegt bzw. getaucht werden, da das Zellgewebe eine Wasseraufnahme durch die Blattoberfläche ermöglicht. Eine Ausnahme bilden alle behaarten, rauhen oder samtigen Blätter; sie würden ihre typische Oberflächenstruktur verlieren.

Laubzweige oder Fruchtzweige wie Buche, Eiche, Ahorn, Feuerdorn, Sanddorn oder Hagebutte lassen sich konservieren, wenn sie im August und September, solange noch ein reger Saftstrom Zweige und Blätter verbindet, geschnitten und in eine heiße Glyzerin-Wasserlösung im Verhältnis 1 : 2 oder 1 : 3 eingestellt werden. Die Konservierung kommt durch die Verdunstung des Glyzerins zustande. Die Blätter färben sich während dieses Prozesses dunkel. Interessante Effekte erzielt man, wenn man einen Teil der Zweige früher, den anderen später aus der Lösung nimmt. Kürzere Blätter und Zweige braucht man nur kurz einzutauchen. Einzelne bunt verfärbte Blätter kann man auch zwischen Löschpapier mit dem Dampfbügeleisen pressen oder zwischen Zeitungspapier unter den Teppich legen und so präparieren.

Will man getrocknetes Material mit frischen Blumen arrangieren, so sollte man die Stielenden des Trockenmaterials, um ein Faulen im Wasser zu verhindern, in flüssiges Wachs, Nagel- oder Siegellack tauchen bzw. mit Klebeband abisolieren. Getrocknete stumpfgewordene Blätter kann man mit Öl bestreichen.

Verfrühen und Austrieb von Zweigen

Das Verfrühen von geschnittenen Zweigen empfiehlt sich nach dem ersten Frosteinbruch, da die Blütenansätze nur nach einem Kälteschock treibfähig werden. Folgende Methode hat sich in der Praxis als günstig erwiesen: Die Zweige werden über Nacht ganz in leicht temperiertes Wasser in die Badewanne gelegt, damit sich alle Knospenansätze vollsaugen können. Danach schneidet man die Zweige neu an, spaltet stärkere Stiele und schält die äußere Rinde 4 bis 5 cm über der Schnittfläche ab. Die so behandelten Zweige stellt man nun für ein bis zwei Tage in einem wassergefüllten Behälter in einen kühlen Raum. Nach dieser Zeit müssen sie unbedingt einen hellen, warmen Standort erhalten und täglich übersprüht werden, damit die sich entwikkelnden Knospen nicht austrocknen. Das hier beschriebene Vortreiben hat sich bei Blütenzweigen bewährt, so bei Apfel, Birne, Pfirsich, Aprikose, Zierjohannisbeere, japanischer Quitte, Roßkastanie, Weide, Mandelbaum, Forsythie, japanischer Kirsche.

Präparieren von Frischblumen mit Silikagel

Silikagel ist ein Granulat, das 50% seines Eigengewichts an Wasser aufnehmen kann. Ritterspornblüten, Rosen, Narzissen und Freesien lassen sich im Exikator mit dem in der Chemie als Trocknungsmittel verwendeten Silikagel trocknen. Für den Hausgebrauch füllt man pulverisiertes Silikagel 8 bis 10 cm hoch in einen luftdicht verschließbaren Plastikbehälter und steckt die kurzgeschnittenen Blüten ein. Anschließend füllt man mit Silikagel vorsichtig auf, bis die Blüten gut bedeckt sind. Um sicher zu sein, daß keine Luft eindringen kann, werden Deckel und Dose mit Kreppklebeband abgedichtet. In ein bis zwei Wochen sind die Blumen trocken und können aus dem Gel genommen werden. Ist das Silikagel blaß oder rosa geworden, so wird es im Backofen auf 250 Grad erhitzt, bis es wieder blau und die aufgenommene Flüssigkeit verdunstet ist.

Das Trocknen durch feuchtigkeitsentziehende Mittel kann ebenfalls mit Alaun, Borax und Sand geschehen. Die getrockneten Pflanzen sind unbegrenzt haltbar, wenn man die nötige Sorgfalt walten läßt. Vorsicht ist bei den sehr brüchig gewordenen Pflanzen geboten; sie dürfen weder direktem Sonnenlicht, noch der Feuchtigkeit ausgesetzt werden.

Trocknen mit Warmluft kann man Zierkürbisse, spanischen Pfeffer, Granatäpfel und Hagebutten. Diese Fruchtstände werden mit einer feinen Stopfnadel angestochen und im Backofen bei 50 Grad getrocknet (beim Einschieben Backofen ausschalten). Während des Trocknens verlieren die genannten Früchte an Gewicht, so daß sie nachher sehr leicht sind.

Verzögerung des Blühvorganges

Im Kühlschrank bei einer Temperatur von + 6 bis + 8 Grad Celsius läßt sich der Blühvorgang verzögern. Eine niedrigere Temperatur könnte die Zellen zerstören. Für diese Prozedur sind die Blumen unbedingt in Folie oder Plastik einzuwickeln. Rosen, Nelken, Tulpen und Flieder sind hierfür geeignet und können bis zu einer Woche so gelagert werden. Allerdings halten sie danach nicht mehr so lange; sie blühen sofort völlig auf.

Blumenschnitt

Es ist zweckmäßig, Gartenblumen abends zu schneiden, da sie zu diesem Zeitpunkt ein Höchstmaß an Nährstoffen gespeichert haben. Die Stiele von am frühen Morgen geschnittenen Blumen haben reichlich Wasser aufgenommen. Da es normalerweise leichter ist, den Blumen Wasser zuzuführen als Nährstoffe, ist es besser, sie abends zu schneiden. Außerdem kann man die Nachtstunden benutzen, um sie im dunklen Raum zu regenerieren. Vor allem dürfen Blumen nicht in der Sonne oder in den Mittagsstunden geschnitten werden.

Beim Entfernen der Blätter wird gleichzeitig die Oberflächenverdunstung herabgesetzt. Dies ist besonders bei Flieder wichtig, ebenso bei Schneeball, Sommerjasmin, Clematis und Treibhausrosen sowie anderen leicht welkenden Blumen. Niemals dürfen Blätter ins Wasser hineinragen, da hierdurch die Bakterienbildung begünstigt wird.

Transport von Pflanzen

Schnittblumen sollten beim Transport vom Stielende bis über die Blüte eingewickelt sein, damit sie vor Zugluft, Sonnenlicht, Druck und Stoß geschützt sind. Gartenblumen kann man auch in Pappschachteln transportieren. Dabei wird durch Luftentzug die Atmung herabgesetzt. Mehrere Blumen zusammen verpackt schützen sich gegenseitig vor dem Austrocknen. Für längere Transporte eignen sich auch Plastikschläuche, die mit einem Folienschweißgerät versiegelt werden. Zuvor sollte man die Blumenstiele mit feuchtem Kreppapier umwickeln.

Färben und Bleichen von Frischblumen

Schon 1532 hat der Botaniker Brunfels in seinem Kräuterbuch beschrieben, wie sich die blaue Blume der Wegwarte (Zichorie), in den Ameisenhaufen gehalten, durch die Ameisensäure blutrot verfärbt hat.
Von der sauren bzw. alkalischen Reaktion des Zellsaftes werden viele blaue und rote Blütenfarben beeinflußt. Das läßt sich durch Lackmuspapier überprüfen; es reagiert blau, wenn alkalisch, rot wenn sauer. Ein einfaches Experiment ist: Die Papierblume *(Xeranthenum)* tauche man in schwache und starke Säuren (Zitrone, Essig). Je nach Säuregrad wird die blaue Blüte mehr oder weniger rot.
Dagegen ist das Einfärben der Blumen ein bei Schulkindern beliebtes Experiment. Durch Einstellen in blaue Tinte werden weiße Margeriten und weiße Lilien innerhalb von 8 bis 10 Stunden blau. Die Farblösung wird hierbei der Blume durch den Stiel zugeführt. Dieser Versuch gelingt nur bei weichstieligen und reinweißen Blüten (Margeriten, Freesien, Lilien, Calla, italienischem Ginster, Phalaenopsis und Milchstern). Im Handel sind dafür speziell für Blumen entwickelte Anilinfarben erhältlich. Die Verfärbung der Blüten beginnt am äußeren Rand und zieht sich bis in die Staubgefäße. Es ist zweckmäßig, die Oberflächenspannung mit der Farblösung durch ein paar Spritzer Geschirrspülmittel herabzusetzen.
Andere Blumen und Pflanzenteile wie Nelken und Buchenlaub werden im Tauchbadverfahren gefärbt. Ihre Blüten bzw. die Blätter werden in Farblösung gehalten und sofort mit kaltem Wasser gespült. Zellulosereiche oder verholzte Stiele können keine Farbe zuleiten.
Bleichen durch Schwefelstangen kommt für Farne, Kiefernzapfen und Aspidistrablätter in Frage. In der Natur findet der Prozeß durch Zerfall des Chlorophylls statt (z. B. bei der Lampionblume, wenn ihre Früchte an den Stauden im Garten überwintern). Die Mazeration läßt sich beschleunigen, wenn man Magnolienblätter, Lampionblumen, Ahorn- und Buchenblätter in ein Gefäß mit Wasser legt und ins Freie stellt. Die Mikroorganismen zersetzen nun die Weichteile; nach einiger Zeit gelingt es, Blattober- und Unterseite abzuziehen und das Filigranwerk der Adern freizulegen. Das Skelettieren von Pflanzenteilen findet auch mit folgenden Lösungen statt:
Drei Eßlöffel Chlorax in einem Liter Wasser auflösen und getrocknete Blätter einlegen (empfehlenswert für alle zarten Blätter).
Oder man kocht ein halbes Pfund Waschpulver in drei Liter Wasser auf, gibt die Blätter dazu und kocht sie 35 Minuten lang. Nach dem Herausnehmen hält man sie vorsichtig unter fließendes Wasser, um die Grünteile (Chlorophyll) abzuspülen. Mit einer alten Zahnbürste wird durch Klopfen vorsichtig die Blattoberkante von den Adern (Skelett) getrennt. Hartnäckige Blätter können nochmals in die Lösung eingelegt werden. Anschließend trocknet man sie auf Zeitungspapier und drückt das Blattgerippe (Skelett) flach.

Stille Stunde

Material: Lauch *(Allium giganteum),*
Blasenesche *(Koelreuteria paniculata)*

Die Alliumblüten gibt es von klein bis groß in fast 300 Arten. Als Schnittblumen sind etliche geeignet. Ein unangenehmer Geruch tritt meistens nur beim Auswechseln des Wassers auf und wird nicht durch die Blüten hervorgerufen. Für Trockendekorationen ist von besonderem Interesse der *Allium giganteum*; dessen Stengel bis zu 1,5 m hoch werden können. Seine Blüten sind meist violettrosa, selten rosa. Der Blütenstand kann einen Durchmesser von 20 cm erreichen und wird aus vielen dicht aneinandergereihten Sternblüten gebildet. Die vollerblühten Alliumstiele werden nach dem Abblühen freihängend mit dem Blumenkopf nach unten auf einer Leine aufgereiht und an einem luftigen, von direktem Sonnenlicht und sonstigen Witterungseinflüssen geschützten Platz getrocknet. Während des Trocknungsprozesses lassen sich schlapp werdende Blumenstiele durch Steckdraht oder Bast formen. Die angetrockneten Blütenköpfe sollten sofort mit einem billigen Haarspray eingenebelt werden, damit ihre Form erhalten bleibt. Die erstarrten, völlig abgetrockneten Blumen, deren Farbton stark verblaßt ist, kann man nun je nach Verwendungszweck in beliebiger Farbe mit Autolack besprühen.

Der orange Farbton in dem Beispiel harmoniert mit der arabischen Kupferkanne. Der ausgeblichene Naturton der Alliumblüten wäre zu der Kanne zu ausdruckslos gewesen.

Die Fruchtstände der Blasenesche sollte man ebenfalls hängend trocknen und nach dem Trocknungsprozeß mit Haarspay besprühen.

Von einem zusätzlichen künstlichen Färben konnte hier abgesehen werden, da beim Trocknen der Naturton weitestgehend erhalten blieb. Auch dieses dauerhafte Gesteck wurde in den Grundregeln des Ikebana ausgeführt.

Wie beneidenswert schön
werden Ahornblätter,
eh' sie untergehen!

Shiko

Standhaftigkeit

Material: Artischocken *(Cynara),*
und Feuerdorn *(Pyracantha coccinea)*

Hohlblocksteine lassen sich gut und interessant für rustikal wirkende Blumendekorationen verarbeiten. Speziell für diesen Zweck hergestellt, kann man die hartgebrannten Steine in anthrazitschwarzer oder dunkelbrauner Glasur im Blumenfachgeschäft kaufen.
Zur Gestaltung eines Arrangements ist es ratsam, stets zwei dieser Steine zu verwenden; dadurch ergibt sich die Möglichkeit einer horizontalen und einer vertikalen Anordnung. Die Luftkammern der Steine bieten sich für die Befestigung des Pflanzenmaterials geradezu an. Trockenblumen können in den Öffnungen mit Knetmasse fixiert werden. Für frische dünnstielige Blumen führt man ein Orchideenröhrchen in einen Hohlraum ein und befestigt es ebenfalls mit Knetmasse. In jedem Fall ist darauf zu achten, daß der Aufbau asymmetrisch ausgeführt wird und die Einsteckpunkte nur auf eine Seite beschränkt bleiben.
Außerdem kann man Blumen und Zweige auch so anordnen, daß ihre Stiele in einem hinter dem aufrecht stehenden Stein versteckten Gefäß auf einem Igel eingesteckt sind und ihn wie in der Abbildung umspielen.
Beerenzweige wie Feuerdorn, Hagebutte, Eberesche, Cotoneaster oder Sanddorn in Verbindung mit Artischocken und eventuell Sonnenblumen ergeben eine günstige Zusammenstellung mit der dunklen Glasur der Steine.
Voll aufgeblühten Artischocken muß das Wasser rechtzeitig entzogen werden, wenn sie in einem Trockengesteck Verwendung finden sollen. Die Blüte trocknet zwar etwas ein, jedoch bleibt ihre lila Farbe meistens erhalten; notfalls könnte man sie mit Wasserfarbe etwas nachtönen. Artischocken passen gut zu Sanddornzweigen, die ebenfalls trocken stehen können. An einem solchen Arrangement erfreut man sich noch bis in die Wintermonate hinein.

Das Gewicht der Steine läßt auch Gruppierungen mit Maiskolben, Sonnenblumenfruchtständen, Rohrkolben oder Wurzeln zu. Die genannten Pflanzen können in den tiefen Öffnungen der Steine mit zusätzlich eingeführten Hölzern standsicher verklemmt werden. Die kompakten Steine sollten auf einer Unterlage stehen, z. B. auf einer großen Kork- oder Baumscheibe, einer grobgeflochtenen Bastmatte. Man kann sie aber auch mit ausgestreuten Kieselsteinen umgeben, damit das Arrangement aufgelockert wird.

Die Blume verblüht, die Frucht muß treiben.
Sprichwort

Vorbereitung einzelner Blumen

Das für Blätter vorteilhafte Wasserbad kommt nur für wenige Blumenarten und für nur zwei bis drei Stunden in Frage, und zwar für Clematis und blauen Flieder (auf keinen Fall für weißen, da die Blüten glasig werden). Rosen müßten vorher in Seidenpapier gewickelt werden. Andere Blumen kann man über Nacht bis unter die Blütenköpfe ins Wasser stellen, da sie einen hohen Wasserbedarf haben. Zu ihnen gehören Alpenveilchen, Christrosen und Veilchen. Bei den zarten Veilchen darf die Blüte nicht ins Wasser hängen, da sie sonst ihre blaue Farbe verliert. Die Verdunstung ist bei den kleinen Blüten zwar nicht so stark, aber die dünnen Stiele vermindern die Wasseraufnahmefähigkeit.

Alpenveilchen

Die Stiele werden gerade angeschnitten, dann 1 cm über der Schnittfläche mit einer Nadel durchstochen oder mit dem Fingernagel eingeritzt.

Amaryllis

Diese Blume hat einen dicken, hohlen Schaft. Damit der Stiel beim Aufgehen der großen und schweren Blüte nicht anknickt, sollte er entweder durch Einführen eines geraden, unverzweigten Weidenzweiges oder durch abgeschnittene Stielteile verstärkt werden. Außerdem bindet man das Stielende mit grünem Kunststoffbast ab, um ein Aufspalten und Aufrollen zu vermeiden. Bevor man den hohlen Amaryllisstiel mit abgeschnittenen Stielresten ausfüllt, sollte man in den Schaft Wasser einlaufen lassen.

Anthurien

Diese prächtigen Blumen haben die erfreuliche Eigenschaft, sehr lange zu halten. Außer dem geraden Anschnitt unter Wasser sind keine weiteren Maßnahmen zur längeren Haltbarmachung erforderlich. Beim Transport der Anthurie ist jedoch größte Vorsicht geboten, da die Blüte, das eigentliche Hochblatt, sehr druck- und stoßempfindlich ist.

Campanula

Damit die Blüte nicht welk wird, ist das Austreten des Milchsaftes zu verhindern. Entweder man taucht das Stielende für ca. 20 Sekunden in kochendes Wasser und stellt dann die Blume in leicht temperiertes Wasser, oder man hält die Schnittfläche kurz über eine Kerzenflamme.

Christrosen

Im Volksmund heißt es: Die Christrose will auch im Zimmer den Schnee sehen! Das bedeutet, sie will am Fenster stehen, wo es am hellsten und wohl auch am kühlsten ist. Besonders dankbar ist sie, wenn ihr Fichtenzweige zugesellt werden. Die Temperatur des Wassers richtet sich nach der Herkunft der Blume. Freiland-Christrosen benötigen kaltes, getriebene temperiertes Wasser.

Chrysanthemen

Die Stiele sollen gebrochen, nicht geschnitten werden. Um Chrysanthemen besonders zu erfrischen, kann man die Stielenden einige Sekunden in heißes, sogar kochendes Wasser eintauchen. Abrieselnde Blütenblätter können mit ein paar Tropfen Kerzenwachs »gelötet« werden. Keinesfalls sollte man die Blütenblätter auszupfen, da sonst alle weiteren nachrieseln. Dagegen ist ein vorsichtiges Abschneiden der braunen unteren Blütenblätter möglich. Das Klopfen von Chrysanthemenstielen hat sich als unzweckmäßig erwiesen, weil dabei ein großer Teil der wasseraufnahmebereiten Zellen zerschlagen wird.

Cosmeen

Die Stiele werden unter Wasser geschnitten. Stielenden zusätzlich mit Salz einreiben oder in kochendes Wasser eintauchen.

Dahlien

Auch bei dieser Blume sollte man die Stiele brechen und für zwei bis drei Sekunden in kochendes Wasser halten.
In der japanischen Blumensprache symbolisiert die Dahlie allgemein die Dankbarkeit. Die spezielle Botschaft der hier verwendeten gelben Dahlien lautet: Ich bin glücklich, daß du mich liebst.

Disteln

Diese sollte man unter Wasser anschneiden und die Schnittflächen ansengen oder in kochendes Wasser tauchen.

Enzian

Die Stielenden sind unter Wasser anzuschneiden und in Alkohol zu tauchen.

Euphorbien (Euphorbia fulgens)

Die langen schmalen Laubblätter sind möglichst zu entfernen. Der dabei austretende Milchsaft ist bedeutungslos und vernarbt sehr schnell an der Luft. Es ist jedoch unumgänglich, den wolfsmilchartigen Saft bei Neuanschnitt des Stielendes sofort zum Gerinnen zu bringen. Man hält dazu die Schnittstelle kurz über eine Kerzenflamme.

Flieder

Seine Haltbarkeit läßt sich wesentlich erhöhen, wenn man ihn vor dem Einstellen in lauwarmes Wasser, dem ein Frischhaltemittel beigegeben ist, kurz in kochend heißes Wasser taucht. Die Stielenden können noch zusätzlich aufgespalten werden.

Geranien

Diese Blume sollte man sofort nach dem Schnitt unter Wasser neu anschneiden, die Schnittfläche anbrennen und nur 2 bis 3 cm tief ins Wasser stellen, da die Stiele behaart sind.

Gerbera

Die Gerbera gehört zu den wenigen Blumen, die zwar strahlende Sonne, aber weder Wind noch Zugluft vertragen. Um sie im gewohnten Klima zu belassen, sollte das Wasser nicht erneuert, sondern nur nachgefüllt und der Standplatz nicht gewechselt werden. Zu ihrer Haltbarmachung hat sich folgende Methode bewährt: Damit es bei den zug- und transportempfindlichen Blüten nicht erst zum Köpfchenhängen kommt, verstärkt man den Stiel ein- oder zweiseitig in voller Länge mit einem grünen Blumendraht (bitte nur anlegen, nicht in den Stiel einstecken!). Man beginnt unmittelbar unterhalb des Köpfchens. Stiel und Blumendraht werden nun mit einem hellgrünen Kautschukband umwickelt. Dadurch verhindert man gleichzeitig das Faulen des haarigen Gerberastiels. Sind die Gerbera ungestützt verarbeitet worden und lassen dann ihre Köpfe sinken, so ist zu empfehlen, sie in eine Weinflasche zu hängen, die etwa 5 cm hoch mit heißem Wasser gefüllt ist. Der Blütenkopf der Gerbera wird durch den Flaschenhals gestützt und erholt sich völlig. Der im heißen Wasser stehende Stielteil ist allerdings weich geworden und muß vor der Wiederverwendung abgeschnitten werden. Nach dieser Behandlung wird die Blume noch für einige Tage Freude bereiten, wenn sie anschließend 5 bis 6 cm tief in lauwarmes Wasser und an einen sonnigen Platz gestellt wird.

Gladiolen

Um das zu schnelle Aufblühen der Gladiolen zu verhindern, schneidet man sie unter Wasser an und stellt sie erst dann wieder ein, wenn die Schnittstelle angetrocknet ist. Frischhaltemittel beifügen!

Hortensien

Den Stiel sollte man 2 cm tief für 5 Minuten in kochendes Wasser halten oder in Alkohol tauchen.

Iris

Es gibt die verschiedensten Arten im Handel und auch im Garten. Im Garten findet man vor allem die Sorte *»Iris germanica«*. Im Handel vorwiegend erhältlich sind *»Iris hollandica«* und *»Iris sibirica«* und zwar in den gelben Sorten »Golden Melodie« und »Covent Garden«, sowie die weiße und hellblaue Iris »Wedgewood«. Die hellste Blautönung weist die Sorte »Ideal« auf, ihr folgt die tiefblaue Sorte »Professor Blaw«. Diese bringt im Sommer oft zwei Blüten. Ebenfalls bekannt ist die Sorte »Purple Sensation« dunkelviolett. Iris, unter Wasser angeschnitten, halten allgemein 3 bis 4 Tage. Länger haltbar sind nur die gelben und weißen Arten. Durch Kühlung kann die Farbe intensiver werden. Iris brauchen viel Wasser!

Levkojen

Unter heißem Wasser nochmals anschneiden. Falls die Wurzeln dranbleiben, ist keine weitere Behandlung nötig.

Lilien

Im Verhältnis zu den schweren Blüten sind die Stiele der Lilien oft sehr schwach. Deshalb wird ein zweiter Stiel mit Kautschukband angewickelt, um die Festigkeit zu erhöhen. Außer dem geraden Anschnitt unter Wasser ist bei der ohnehin haltbaren Lilie mit Ausnahme eines Frischhaltemittels keine weitere Maßnahme nötig. Die Staubgefäße stäuben sehr stark, dennoch sollte man sie in der Blüte belassen, da sie charakteristisch für diese Blumen sind. Vorsicht beim Verarbeiten! Entstehende Flecken sind oft schwer zu entfernen.

Maiglöckchen

Diese zarten Blumen schneidet man unter Wasser an und stellt sie zunächst über Nacht allein ins Wasser; erst dann kann man sie (ohne sie nochmals anzuschneiden) mit anderen Blumen kombinieren.

Mimosen

Oft öffnen sich die zierlichen goldgelben Blütenkugeln nicht, weil die zarten Stiele aus Nahrungsmangel am Knospenansatz trocknen. Deshalb sollte man das eigens für Mimosen entwickelte Mittel nach Vorschrift anwenden.

Mohn

Seine Schnittstellen sind anzubrennen, anschließend in Alkohol zu tauchen und unter Wasser anzuschneiden.

Narzissen

Die Stielenden sollten etwa 5 Sekunden in Alkohol getaucht werden.

Nelken

Sie dürfen nicht direkt an den Knoten ihrer Stiele angeschnitten oder gebrochen werden, sondern nur in den Zwischenräumen, den sogenannten Internodien; sonst ist die Haltbarkeit beeinträchtigt.

Orchideen

Das Wasser muß temperiert sein. Für alle Orchideen ist es wichtig, daß sie unter Wasser angeschnitten werden. Sie vertragen kein Frischhaltemittel. Sollten Orchideen vorzeitig welken, schlitzt man den Stiel einige Zentimeter auf und stellt sie für einige Stunden bis unter die Blüte ins Wasser. Orchideen-Dendrobien werden unter Wasser angeschnitten und dann in Alkohol getaucht. Kein Frischhaltemittel!

Pampasgras

Die Stielenden sind unter Wasser anzuschneiden, können in Essig getaucht, mit Essigsäure eingerieben oder angeklopft und angesengt werden. Der Pampaswedel wird wieder flockig, wenn man ihn in die Nähe eines warmen Heizkörpers bringt.

Pfingstrosen

Die Pfingstrose gehört zu den ältesten Gartenblumen. Ihr Name Päonie wurde nach der mazedonischen Landschaft Päonia benannt. Sie kommt als Wildform in Italien, Tirol und in der Schweiz vor. Beim Schnitt der Blumen ist darauf zu achten, daß an jedem Blütenstiel noch ein Blatt an der Pflanze zurückbleibt, um den Trieb für die nächstjährige Blüte zu ernähren. Man schneidet die Blüten am besten in den Morgenstunden, wenn sie sich eben geöffnet haben und noch taufrisch sind. Päonienblüten kann man für längere Zeit lagern, wenn man sie in Öl- oder Paraffinpapier verpackt und unten in den Kühlschrank legt.
Man kann sie für mehrere Tage in knospigem Zustand auf dem Steinboden (also ohne Wasserzufuhr) lagern. Um sie dann wieder zu beleben, werden die Stiele im Wasser neu angeschnitten und tief in warmes Wasser gestellt.

Proteen

Die Stielenden sind zweimal aufzuspalten und in heißes Wasser einzustellen. Bis zum völligen Erblühen sollte lauwarmes Wasser verwendet werden, danach ist das Wasser zu entziehen. In einem Trocken-Arrangement können sie dann noch monatelang erfreuen.

Rhododendron

Seine Stiele müssen unter Wasser neu angeschnitten und in Alkohol getaucht werden.

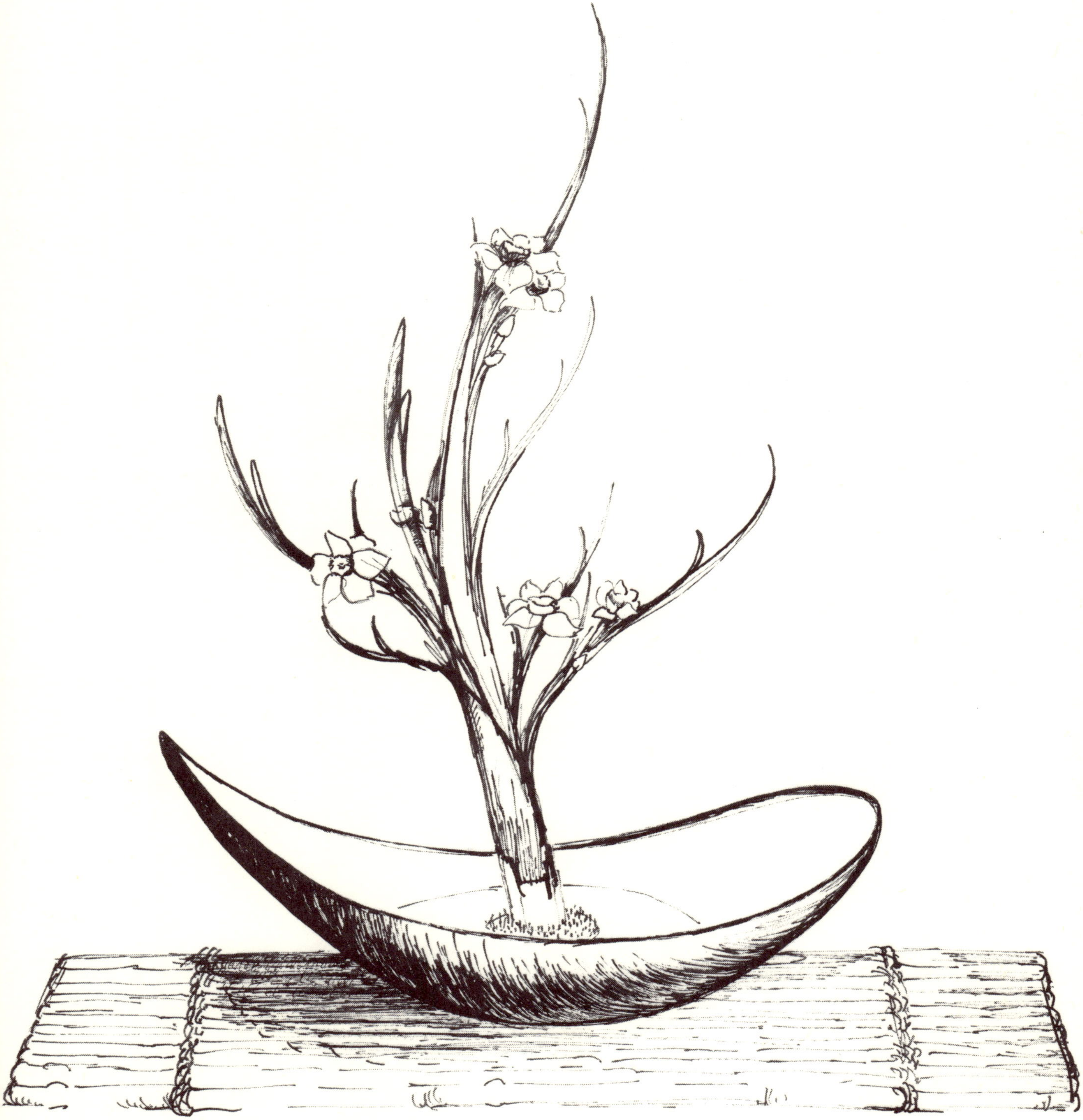

Sanddorn

Sanddornzweige halten viele Monate. Die Beeren trocknen zwar langsam ein, aber der kräftige orange Farbton bleibt erhalten, besonders wenn man die Zweige in eine mit Sand gefüllte Vase stellt und so den Beeren die Möglichkeit nimmt, sich mit Wasser vollzusaugen und abzufaulen.

Sonnenblumen

Nach dem Neuanschnitt werden die Stielenden in Alkohol getaucht oder 2 bis 3 Minuten in kochendes, danach in temperiertes Wasser eingestellt.

Strelitzien

Sie zeigen ihre volle Schönheit erst, wenn sich alle Blütenstiele entfaltet haben. Oftmals kauft man sie im knospigen Zustand, d. h. mit nur teilweise geöffnetem Blütenfächer. Es ist jedoch leicht, die grüne Scheide bis zum Schaft bzw. Stielansatz mit Messer oder Fingernagel aufzuritzen und den zweiten und eventuell dritten Teil der Blüte vorsichtig herauszuziehen, wobei man die schmalen hellen Hüllblätter noch abzupfen kann.

Tulpen

Sie wachsen nicht mehr und drehen sich auch nicht mehr dem Licht zu, wenn sie unterhalb der Blüte etwa 1 cm angeritzt werden. Tulpen sind unter Wasser anzuschneiden, etwa 3 bis 4 Sekunden in Alkohol zu tauchen. Dann die Schnittflächen mit Salz einreiben. Sie lieben Kühle und Frischhaltemittel, Zugluft und Sonne dagegen nicht, da sonst die Verdunstung zu groß ist. Wenn Tulpen schlaff werden, kann man sie in Papier wickeln und über Nacht ins Wasser stellen. Durch diese Therapie erholen sie sich.

Weihnachtssterne

In kochendes Wasser tauchen oder unten ansengen, damit sie auch als Schnittblumen lange erfreuen.